JN439729

아내는 개그(GAG)쟁이

너와 나의 블루스

아내는 개그(GAG)쟁이－너와 나의 블루스

초판 1쇄 발행 | 2010년 2월 16일
초판 1쇄 인쇄 | 2010년 2월 21일

지은이 | 마 미 성
발행인 | 윤 영 희

발행처 | 도서출판 동행
출판등록 | 제2-4991호
주 소 | 서울시 중구 을지로 3가 302-18 난빌딩 303호
전 화 | 02-338-2734, 2285-0711
팩 스 | 02-338-2722

정가 10,000원

ISBN 978-89-94227-04-7 03810

아내는 개그(GAG)쟁이!

마 미 성
개그작가

어려운 경제에 활력을 주는 '폭소 부부 콩트' 퍼레이드!
가진 건 없지만 막강한 사랑이 있다!

동행

부부란 헷갈리는 아군(我軍)이다!

그 누군가는 이렇게 말했다.

왜 이렇게 애매한 정의를 내렸을까? 그건 아마도 부부가 갖는 신기한 조화 때문이 아닌가 싶다.

처음에는 사랑으로 만나 그 사랑을 문지르며 살다가 점점 닮아가면 추억으로 매만지고, 그러다 지치면 장난을 치고….

그래도 채워지지 않으면 싸움을 걸고 밀고 꼬집고 그렇게 알콩달콩 살아가니까… 다시 말하면 소꿉동무에서 진정한 길동무가 되어가기 때문일 것이다. 그래서 두 사람 중에 하나가 없으면 인생의 의미가 희미해진다.

왜냐하면 더 이상의 재연도 없으려니와 내 인생에 가장

소중한 알콩달콩의 사랑의 역사가 지워지기 때문이다.

추억이 없다는 것은 삭막하다. 삶의 의미가 없다. 고로 존재의 의무도 없다. 그래서 우리는 몸부림 속에 그걸 간직하려하는 것이다. 그것이 나를 지탱해준 나만의 역사이기 때문이다.

오늘도 아내는 유치한 시비로 싸움을 건다. 그런데도 밉지 않다. 왜냐하면 그녀가 바로 나의 역사이기 때문이다. 그래서 나는 그 역사를 정리하고 싶었다. 되도록이면 얄미웠던 순간들을….

그리하여 웃음을 만들 수 있으면 나는 성공이다. 아울러 어려움에 직면한 부부들에게 또 다른 의미로 다가선다면 이건 대성공이다. 드디어 의미 있는 작업을 한 셈이니까. 아무튼 우리 모두 늘 변함없이 아기자기한 사랑의 역사를 썼으면 싶다.

2009 남쪽 창문을 열며

마 미 성

Contents

Contents

Contents

우리 집 인간?

모처럼 휴일을 맞아 소파를 점령하고 TV를 보고 있는데 아내가 투덜거리며 말했다.

– 모처럼 맞이한 휴일인데 정말로 집구석에서 보낼 거야?

순간 나는 계속되는 투정에 종지부를 찍듯 말했다.

– 정말 왜 그래! 피곤하다니까!

그러자 아내가 불끈하며 다가섰다.

– 도대체 뭘 얼마나 했다고 피곤한데?

순간 말문이 막히면서 적당한 단어가 떠오르지 않아 생각나는대로 말했다.

– 당신 먹여 살리려고! 열심히 일해서 그렇지!

– 뭐야? 그러니까 남들은 안하는 걸 당신만 했다는

거야?!
아내는 드디어 말꼬리를 잡았다는 듯이 의기양양하며 다가섰다.
―꼬옥, 그렇다기보다는….
정말로 난감했다. 여기서 빠져나가지 못하면 하루 내내 피곤할 테니까, 뭔가 작전이 필요했다.
그러나 역시 좋은 생각은 좀처럼 떠오르지 않았다.
이때였다. 하늘이 나를 도왔다.
생전에 울릴 것 같지 않게 보이던 집전화가 우렁차게 울었다.
―찌르르릉.
아내는 나를 째려보더니 잠깐만 기다리라는 눈치를 보내고 신경질적으로 전화를 받았다.
―여보세요! 숙자? 네가 웬일이냐? 알았어. 누구랑 있냐고? 누구랑 있긴 누구랑 있어! 집구석 경비! 그 인간이랑 있지! 끊어!"
아내는 일방적으로 전화를 끊고 다시 시작하자는 듯이 나에게 다가왔다.
순간 나는 당황해 어쩔 줄 모르다가 '그 인간'이란 말꼬리를 절호의 찬스로 잡고 소리쳤다.
―그 인간이라니! 하늘같은 서방보고 이래도 되는

거야!"

그러자 아내가 어처구니없다는 듯이 입가에 비웃음을 흘리면서 말했다.

—그럼 당신, 인간이 아니고 짐승이야?!"

순간 나는 꼬랑지를 내리고 말았다.

—깨갱….

하지만 궁금했다. 자기에서, 그이에서, 언제부터 인간으로 추락했는지….

안 그래요? 남편 여러분….

1+1 (1)

일방적으로 1패를 당한 나는 아내에게 끌려 나올 수밖에 없었다. 아내의 목적지는 모 백화점 창립기념 바겐세일장이었다.

고역이었다. 남편들이 가장 스트레스 받는 곳이 아내와 백화점 동행이라는 통계와 같이 괴로웠다.

얼마나 변덕이 죽끓던지? 쪽팔린 돌쇠가 되어 옆에 서 있는 서방은 아랑곳없이….

꼭 살 것처럼 입어보고 신어보고….

뻔뻔하게 돌아서기를 기십 번…. 정말이지 투명인간이 이때처럼 부러운 적이 없었다.

그러나 아내는 아랑곳없이 날 끌고 다녔다.

이때였다.

절체절명의 시련이 왔다. 안내방송이 울려 퍼졌다.
—네미! 뭔 지랄 났다고 안내방송이야!
안내방송이 나를 궁지로 몰았다.
—고객 여러분 안녕하십니까? 본사 창립기념일을 맞아 선착순 100명에게 본사 마크가 새겨진 고급 양말 1켤레를 선물로 드리오니 입구로 나와 주십시오!
순간, 아줌마들의 눈빛이 요상하게 빛나더니 일제히 입구로 향했다. 물론 아내도 예외는 아니었다.
나의 손목을 틀어잡고 입구로 냅다 뛰었다.
그러나 입구는 이미 아줌마들로 장사진을 이루고 있었다.
아내는 무슨 이유인지, 나의 손목을 틀어잡은 채 아줌마들과 몸싸움을 하더니 드디어 자리를 잡았다.
직원들은 약속대로 숫자를 헤아리며 양말을 나누어 주었다.
아내는 운이 좋았다.
용케도 꼴등이기는 해도 순위 안에 들었다.
드디어 직원이 아내 앞에 서더니 소리쳤다.
—100!
이어서 다른 직원이 양말 한 켤레를 아내에게 건넸다.
순간 아내는 양말을 낚아채듯 주머니에 찔러 넣고

돌아서려는 직원을 가로막고 소리쳤다.

－이이는 왜 안 줘요?

그러자 직원은 무슨 말을 하느냐는 투로 말했다.

－왜 그러세요! 분명히 100분만 드리기로 했는데?

그러자 아내가 능청스럽게 말했다.

－무슨 소리에요. 이이는 나의 1＋1이에요!

순간 주위에 웃음보가 터졌다!

－푸하하하!

－음매! 쪽팔려!

직원도 배꼽잡고 웃더니 “그래요! 위트상입니다!” 하며 한 걸레를 더 내밀었다.

아내는 입이 함박만하게 벌어졌다.

나는 너무도 쪽팔려 버스정류장으로 냅다 달렸다.

아내가 줄기차게 뒤따라오며 소리쳤다.

－자기야! 같이 가!

목이 터져라 불렀지만 앞만 보고 힘차게 달렸다.

－음매! 쪽팔려!

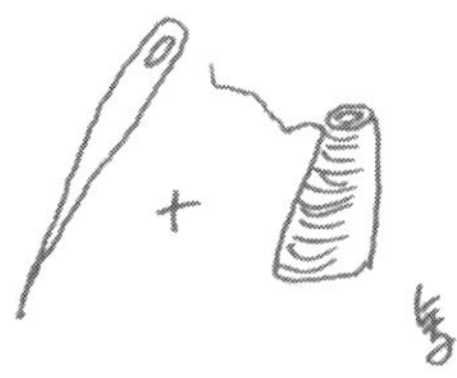

1+1 (2)

정류장에 도착한 나는 아무 버스라도 좋으니 빨리 오기만을 바랬다. 왜냐하면 아내의 생쇼를 목격한 일부 아줌마들이 다가오고 있었기에 빨리 자리를 뜨고 싶어서였다.

–정말 왜 이렇게 안 오는 거야!

마음이 조급해선지 기다리는 버스는 좀처럼 오지 않았다. 그 사이 아내가 다가섰고, 이어서 목격자들이 다가와 내 주위를 얼쩡거리며 미소를 흘렸다.

그러나 아내는 아랑곳하지 않고 내게 말했다.

–여보, 우리 횡재했지. 이래서 말만 잘하면 굶지 않는다고 하나봐! 자기야 나 자랑스럽지!"

–아이고 이걸!

나는 뭔가 쏘아붙이고 싶었지만 아줌마들이 은근히 주시하고 있어 묵묵히 차도만 쳐다봤다.

이때, 버스 한 대가 들어섰다.

나는 캥거루처럼 팔짝 뛰어올랐다. 그러나 곧바로 내려야 했다. 그건 버스카드가 든 바지를 갈아입고 나오는 바람에 아내한테 빌붙어 왔기 때문이었다.

아내는 이런 나를 보고 씽긋 웃더니, 다시 나를 버스에 밀어 넣고 기사를 보며 소리쳤다.

－아저씨! 1＋1이요!

순간 뒤따르던 아줌마들이 일제히 웃음을 터뜨리며 말했다.

－저 아줌마 줄기차게 써먹는구먼!

－음메 쪽팔려!

나는 제일 뒷좌석 구석자리에 몸을 숨기듯 앉았다.

그러나 아내는 눈치도 없이 줄기차게 따라와 엉덩이를 비비고 자리 잡았다.

－아이고! 웬수!

1+1 (3)

좀더 편한 환승지점까지 갈까 생각했지만 그럴 수 없었다.

그건 백화점에서부터 동행한 아줌마들이 자꾸만 우리를 훔쳐보며 쑥덕거리고 있었기 때문이었다.

그래서 나는 아내와 상의 없이 일방적으로 자리를 박차고 출입구로 나와 버렸다.

그러자 아내가 뒤따라 나오며 소리쳤다.

– 환승할 지하철까지 가려면 아직 멀었는데 왜 내리려는 거야?

– 어유! 저걸! 몰라서 묻나? 쪽팔려서 그런다!!

라고 소리치고 싶었지만 나는 애써 표정 누그러뜨리며 말했다.

－멀미가 나서…. 나 여기서 내릴 테니까…. 당신은 거기서 내려서 타고 와!

그러자, 아내는 그게 무슨 소리냐는 듯이 바짝 다가와 팔짱을 끼며 소리쳤다.

－이거 왜 이래! 바늘 가는데 실 가야지!

순간 아줌마들이 일제히 소리내어 까르르 웃으며 말했다.

－끝까지 1＋1이구먼!

－음메 쪽팔려!

돈 세탁

정류장에 닿자마자 나는 황급히 빠져나왔다.
그리고 아내의 부름에도 모르는 척
근처 지하철역으로 파고들었다.
그러나 아내는 쉬지 않고 뒤따라오며 소리쳤다.
—당신 왜 그래! 같이 가! 교통카드도 안 가져왔잖아!!
순간 나는 잠시 멈출 수밖에 없었다.
카드가 없어 집으로 돌아갈게 막막했기 때문이다.
그렇다고 같이 가다가 얼마나 쪽이 더 팔릴까 싶어
주머니를 뒤적였다. 뭔가 잡혔다.
조상님이 나를 구했다! 뒷주머니에 천 원짜리 지폐가 한
장 들어 있는 것이다. 천우신조였다. 마눌님께서 확인도
않고 얼마나 열심히 빠셨는지 퇴계 이황 선생님이

완전히 때깔을 벗고 환하게 웃고 계셨다.

—어유! 건성이! 골고루 하십니다!

이때였다.

언제 따라왔는지 아내가 빙그레 웃으며 말했다.

—돈이 있었나 보지?

나는 너무도 어이가 없어 소리쳤다.

—그래, 네가 뒷주머니에 천 원짜리가 있는 줄도 모르고 돈 세탁한 게 있어서 표를 샀다! 왜?!

그러자 아내가 정색을 하며 소리쳤다.

—아냐! 나 돈세탁한 적 없어!

이때였다.

우리 옆에서 낮술에 취해 비틀거리며 열차를 기다리던 노숙자풍의 한 남자가 째려보며 말했다.

—돈 세탁할 정도로 돈 많은 인간들이 지하철은 왜 타! 이래서 있는 것들이 더 무섭다니까!

—뭐… 뭐요!

순간, 주위에 승객들이 우리를 유심히 쳐다봤다.

—음메 쪽팔려!

영화를 찍어라!

뜨거운 시선을 애써 피하며 곤혹스러워하는데 하늘이 도왔는지 열차가 들어섰다.

그러자 노숙자풍의 사내에게 한 방 먹이겠다고 애써 벼르던 아내가 포기하고 나의 팔을 끌었다.

—자기야! 저쪽이야!

하며 때마침 들어서는 열차를 가리켰다.

그러나 아내는 아저씨와 일전을 생각해선지 방향감각을 잃고 있었다. 그건 반대편으로 가는 열차였다.

하지만 아내는 아랑곳없이 저쪽 열차를 확인하기에 바빴다.

"그러면 당신이나 저거 타!" 하며 나는 열차에 올랐다.

순간, 출발을 알리는 신호음과 함께 문이 서서히

닫혔다. 아내는 그제야 나의 선택이 맞았는지, 다가와 출발 직전에 열차를 두들겼다.

그러나 문은 열리지 않고 서서히 움직였다.

그래도 아내는 멈춰서지 않고 따라오며 소리쳤다.

무슨 말인지는 몰라도 마치 닥터 지바고에서 지바고와 라라의 이별장면을 떠올리듯 했다.

그러자 뒤따라 들어온 낮술의 사나이가
너털웃음을 날리며 말했다.

– 영화를 찍어라! 찍어!

– 음메 쪽팔려!

나는 도망치듯이 다음 칸으로 내달렸다.

검은 봉지 (1)

다음 칸에 들어서자 모처럼의 평화가 찾아왔다. 이때만큼은 웬수같은 마누라를 보지 않는다는 게 천만다행이었다. 하지만 다음 정거장이 다가올수록 마음에 갈등이 일었다.
엉덩이만 붙였다하면 잠을 자는 아내가 무사히 집에 올 수 있을까? 아니면 열 받아 친정으로 가버리지나 않을까? 하는 무거운 마음 때문이었다.
그러나 나는 끝내 별일 없으리라는 좋은 생각 쪽으로 마음을 굳히고 지나치기로 했다. 다음 정거장에서도….
다음 정거장에서도 마음에 동요가 일었지만 난 눈을 꼭 감고 독하게 지나쳤다.
—세 살 먹은 어린애도 아닌데 어련히 알아서

찾아오려고….

—대한민국의 아줌만데 그 누가 대적하리오….

마음에 위안을 하며 집에 들어섰지만 여전히 마음 한 구석이 허전했다. 거기다 비까지 내려 더욱 심란하게 했다. 그래도 줄줄이 사탕으로 당한 쪽팔림을 생각하니 한편으로 복수심리가 떠올랐다. 그래서 안대를 쓰고 애써 잠자리에 들었다. 하지만 쉽게 잠이 들지 않아 뒤척이다가 한참 뒤에서야 어렵게 한숨 붙였다.

시보(時報) 소리에 놀라 깨어났을 땐 이미 한밤중이 지난 시간이었다.

그때까지도 아내는 돌아오지 않고 있었다.

—이 여편네가 아직까지 안 오고 뭐하는 거야?

—친정이라도 간 거야?

난 집안에 머물러 있을 수만 없어 밖으로 나갔다. 밖은 장난이 아니었다. 가을장마라도 시작됐는지 천둥 번개 속에 많은 비까지 내렸다. 나는 더 이상 이대로 있을 수 없어 우산을 챙겨들고 동네어귀로 나갔다.

그러나 아내는 어디에도 보이지 않았다. 심히 걱정이 되었다. 그래서 거리까지 나갔다. 그러나 아내는 보이지 않았다. 순간 불안감이 온몸을 적셨다.

—혹시, 아직은 얼굴이 반반하니까? 못된 놈들이….

아니야, 그래도 몸매가 망가져 관심이 없을 거야.
아니야, 그래도 몸은 튼튼하니까 설거지를 시키려고….
거기까지 생각이 미치자 나는 더욱 불안해
주위를 오가며 마누라를 불렀다.
―자야! 자야! 어디 있니!
이때였다. 반짝이는 번개 불빛 속에 누군가 다가오는
것이 보였다.
나는 아내일지 모른다는 조바심에 다가갔다.
바짝 다가선 나는 깜짝 놀랐다. 아내였다.
하지만 그녀를 만났다는 기쁨보다는 아내의 몰골이
너무도 황당무계했다. 아내는 몸에 신문지를 두르고
머리에는 좌판용 검정 봉지를 쓰고 있었다.
"당신 지금 그 몰골이 뭐니?"
그러자 아내가 배시시 웃으며 말했다.
"오염된 비를 맞으면 머리가 빠진다고 해서 가게에서
하나 얻어 쓰고 왔어!"
"뭐… 뭐야!"
너무도 기가 막혀 한마디하려는데 아내가 서둘러 입을
열었다.
"비를 오래 맞았더니 추워! 나 우동 좀 사줘!" 하며
포장마차를 가리켰다.

나는 말없이 아내의 손을 끌었다. 그러자 아내는 방긋 웃으며 나를 따랐다.
나는 아내를 보며 슬며시 물었다.
"어디 갔다 이제 오는 거야?"
그러자 아내는 별일 아니라는 듯 씽긋 웃으며 말했다.
"깜박 잠이 들어 종점까지 갔다 왔어!"
"그럼, 인천까지?"
"응!" 하며 다가선 포장마차에 파고들었다.

—아이고 인물! 침 꽤나 흘렸겠구먼. 어유!
하지만 아내의 무사 귀가에 마음이 흐뭇했다.

검은 봉지 (2)

술시를 증명이라도 하듯이 포장마차 안은 꽤나 북적였다. 우리는 주인아저씨가 맞바로 보이는 자리에 앉았다. 주인아저씨가 뭘 주문하겠느냐는 듯이 쳐다봤다. 아내가 기세 좋게 말했다.

–우동 두 그릇이요?

나는 별 생각은 없었다.

하지만 비 오는 날의 포장마차에서의 한 잔도 낭만적이라 생각돼 소주도 한 병 시켰다.

이때였다. 옆자리의 취객 한 녀석이 비틀비틀 일어나더니 아내를 보고 말했다.

–아줌마 껌 한 통 주세요?

그러자 아내가 별놈 다 보겠다는 듯이 노려보며 말했다.

—뭐요?!

그러나 녀석은 아랑곳없이 애써 몸을 가누며 말했다.

—왜? 금세 떨어지셨나?

아내가 더 이상 못 참겠다는 듯이 버럭 소리쳤다.

—이 아저씨가 정말! 내가 꼼팔이 아줌마로 밖에 안 보여요!

하지만 녀석은 확신한다는 듯이 애써 몸을 가누며 말했다.

—네!

아내는 더 이상 참을 수 없는지 벌떡 일어나며 녀석을 꼬나 봤다.

—뭐라고요!

더 이상 두고 볼 수만은 없었다. 그야말로 일촉즉발의 상황이었다. 그래서 나는 아내를 거들며 나섰다.

—이것 봐요, 형씨! 우리 집사람이 어디가 껌팔이 아줌마 같다는 거요?

그러자 녀석은 고개를 갸웃거리며 말했다.

—이상하다. 아까 그 껌팔이 아줌마도 머리에 검정 봉지를 썼던데? 그래야 불쌍하게 보여 잘 사준다면서?!

순간 나는 아내를 쳐다봤다. 놀랍게도 아내는 그때까지도 머리에 검정 봉지를 쓰고 있었다.

나는 아내의 검정 봉지를 벗겨 땅바닥에 내치며 소리쳤다.

―오메 쪽팔려! 가자, 가!

이때였다. 주인아저씨가 우리 앞에 우동그릇을 잽싸게 내려놓으며 말했다.

―손님 우동 나왔습니다. 맛있게 드세요. 국물은 무한 리필 됩니다.

할 수 없었다. 나는 아내의 얼굴을 쳐다봤다. 아내는 그동안 무슨 일이 있었냐는 듯이 안면 접고 젓가락을 들더니 연달아 면발을 빨아들였다.

―후루룩! 후루룩!

그래도 먹는 모습은 귀여웠다.

취객도 무안한 표정을 지으며 제자리로 돌아섰다.

이때였다. 포장이 열리면서 머리에 검은 봉지를 쓴 아줌마가 들어와 불쌍한 표정을 지으며 말했다.

―술 냄새 제거해 주는 껌이 있어요! 껌이!

순간 우리는 배시시 웃었다. 곁눈질으로 조금 전의 녀석을 쳐다봤다. 녀석은 내 말이 틀렸냐는 듯이 의기양양해 했다. 나는 "그래 짜샤 오해할 만도 했다."라고 인정하며 살며시 손을 들어 보였다.

연설이 끝난 아줌마는 불쌍한 표정을 짓더니 손님들

틈새를 오고갔다. 그러나 누구 하나 사주는 이가 없었다. 그 녀석마저도… 그러자 아줌마가 한숨을 뱉으며 말했다.

—조금 전에 어떤 검정 봉지 쓴 년이 앞장서 가더니만 그새 싹쓸이 해버렸구먼!

순간 아내가 뭐라고 한마디하려는 듯 일어서려 했다. 나는 잽싸게 끌어 앉히고 소주를 따라 내밀었다. 그러자 아내는 어울리지 않게 처녀 적에 짓던 쑥스러운 표정을 지으며 말했다.

—난 한잔만 먹어도 취하는데! 하며 홀짝 마셨다.

나는 너무도 기가 막혀 웃었다.

—말술 주제에 놀고 있네!

닭똥집

내리는 비 때문인지? 포장마차 지붕에 후닥닥거리는
빗방울 소리 때문인지?
소주가 입에 쩍쩍 달라붙었다.
하지만 또 무슨 쪽팔림을 당할까 두려워서 일어서야
했다. 하지만 분위기가 분위기인지라 나는 나도 모르게
소주 한 병을 더 시켰다.
—아저씨 여기 소주 하나요!
아내도 같은 생각인지 불그스레한 얼굴에
미소를 띄웠다.
—그래 좋아! 기분이다, 안주 시켜!
그러자 아내는 못 이긴 척 슬그머니 일어나 안주
진열장을 한참이나 살폈다. 그리고 주위를 둘러보더니

입술을 동그랗게 오므렸다.
–뭐로 드릴까요?
안주 주문을 기다리던 아저씨가 답답하다는 표정을 지으며 물었다. 그러나 아내는 아랑곳없이 주위를 살피며 입술을 죄었다 풀었다를 반복했다.
아저씨는 답답한지 가슴을 치며 물었다.
–뭐요? 술이요?!
그러자 아내가 고개를 흔들며 또다시 입술을 죄었다 풀었다를 반복했다. 나도 더 이상 볼 수만 없어 물었다.
–뭐?!
아내 역시 답답하다는 표정과 함께 가슴을 치며 같은 동작을 반복했다. 정말로 답답했다.
더 이상 나를 쪽팔리지 않게 하겠다는 생각은 가상하지만 너무한다 싶어 쥐어박고만 싶었다.
아저씨도 내 생각과 같은지 버럭 쳤다.
–도대체 뭐요!
그러자 아내도 더 이상 못 참겠다는 듯이 버럭 소리쳤다.
–닭똥집이요!
순간, 우리를 유심히 보던 취객들이 일제히 폭소를 터뜨렸다. 그러자 아내가 화가 난 듯 소리쳤다.

–그렇게 입술로 똥구멍 힌트를 줬으면 알아들어야지 그걸 못 알아들어요! 어유! 하며 가슴을 콩콩 쳤다.

–푸하하하!

또 한 번의 폭소가 터졌다.

–아이고 인물! 결국 쪽을 부르는구먼!

나는 나도 모르게 술을 병째 들어 마셨다. 아내도 참을 수 없는지 나의 술병을 낚아채 마셨다.

영역 표시

포장마차에서의 시간은 짧았다. 구성진 유행가 가락에 맞춰 두들겨 대는 이름 모를 취객의 젓가락 장단에 쫓기듯 어느새 11시를 넘기고 있었다.

－가자!

나는 서서히 차오르는 취기를 애써 누르며 아내의 팔을 잡았다. 아내는 욕심껏 채워 놓은 술잔을 들지도 못한 채 탁자에 처박고 코를 골았다. 뒤집어 보진 않았지만 침도 흘리고 있을 것이다. 나는 서둘러야 했다.

아내의 코고는 소리가 깊어지기 전에… 그래서 팔 안 깊숙이 손을 넣어 일으키며 소리쳤다.

－어이! 가자니까!

그러자 아내가 실눈으로 쳐다보며 말했다.

—당신 누구야! 지금 유부녀 성추행하고 있는 거야!
나는 어이가 없어 쳐다봤다. 그러자 아내가 빙그레 웃으며 말했다.
—아이고, 우리 집 인간이구나.
나는 대답 대신 계산을 한 다음 아내의 왼팔을 목에 걸고 몸을 부축하며 밖으로 나왔다.
밖은 다행히 비가 멈춰 있었다. 그러나 결코 보행이 쉽지 않았다. 우연인지 고의인지, 나의 몸에 의지해서 걷는 아내가 자꾸만 웅덩이를 밟아 물방울을 튀겨서다.
—너 정말!
그래도 아내는 아랑곳없이 웅덩이 쪽으로 비틀 거렸다.
나는 더 이상 참을 수 없어 근처 가게 평상에 앉혔다.
술이 어느 정도 깨면 데려가겠다는 생각으로….
이때, 한 취객이 알아들을 수 없는 노래를 부르며 다가오더니, 우리 맞은편에 서 있는 전봇대로 다가섰다.
아마도 방뇨를 할 모양이었다. 취객은 바지춤을 한참이나 뒤적이더니 전봇대에 몸을 밀착했다.
순간 잠에 빠졌으리라 싶던 아내가
갑자기 눈을 뜨며 소리쳤다.
—아저씨! 지금 거기서 뭐하는 거예요!
그러자 취객이 고개를 돌려 쳐다보며 맞받았다.

–왜? 물을 버리겠다는데 안되라는 법 있소!?
–물론이죠! 민주시민이 아무데서나 방뇨를 하면 되나요?
아내는 여자 훈장처럼 말했다.
그러자 취객이 별 여자 다 보겠다는 듯 코웃음 치며 말했다.
–방뇨라니?! 난 지금 내 집구석 근처에 영역표시를 하는 중이야!
하며 뭔가를 탈탈 털어 넣더니 전봇대 옆 대문을 밀치고 들어갔다.
–뭐 저런 인간이 다 있어! 개야! 사람이야!
아내는 별놈 다 보겠다는 듯이 소리를 높였다. 순간 제 집구석으로 발을 들여놓던 취객이 발을 빼며 소리쳤다.
–뭐야! 개야? 사람이야?!
그러자 아내도 맞받아치겠다는 듯이 "그럼, 그게…."
나는 재빨리 아내의 입을 막으며 소리쳤다.
–가자! 가자! 도대체 정말 왜 그래! 지 집구석에 영역표시한다는데!!
–그래?! 그럼 가야지. 근데 여보? 뭔가 이상하다? 영역표시라니? 그건 동물들이나 하는 거 아냐?
하며 머리를 갸웃거렸다.

순간 나는 생각나는 대로 말했다.
–이상할거 하나도 없어! 인간도 따지고 보면 동물이니까?
–그래 그럼, 우리도 빨리 가서 대문 앞에 영역표시하자!
하며 줄기차게 손을 끌었다.
–뭐… 뭐야!

피노키오

진짜로 취한 것인지? 아니면 미친 척하는 것인지 도무지
가늠할 수 없는 마누라를 어렵게 집으로 후송한 나는
일단 먼저 거실 소파에 눕히고
한숨을 고르기 위해 TV를 켰다.
공중파는 이미 막을 내렸고, 케이블만이 심야방송을
하고 있었다. 나는 먼저 채널 탐색을 했다.
하나 둘 셋! 순간 나는 나도 모르게 시선을 고정하고
말았다. 그건 심야용으로 수입한 외국 TV의 한
나이트 쇼 프로그램이었다.
비키니 차림에 쭉쭉 빵빵 미녀들이 현란했다.
순간 나는 눈이 번쩍 뜨였고, 주책없이 침이 넘어갔다.
그래서 나는 나도 모르게 아내의 머리 쪽을 등으로

가리며 TV 앞으로 다가섰다.
꼭 그럴 필요까지는 없지만 괜한 오해를 받고 싶지 않아 선수를 친 것이다. 아내는 해를 거듭할수록 TV 속 미녀들에 신경을 썼다.
나는 그저 무덤덤한데 왜 그러는지?
같이 TV를 보다가 내가 신경 쓰는 여자라도 있으면 거침없이 채널을 돌리거나 뼈있는 말을 했다. 그것도 음담패설에 가까운 말을….
자기 딴에는 미장원과 찜질방에서 아줌마들한테 들은 얘기라지만 R등급은 확실했다.
－재 있지? 가슴에 뽕 넣은 거래. 또 뭐래더라? 과거 애인과 헤어지고 처녀티 내려고 예쁜이수술도 했대!
그러면 나는 이렇게 말했다.
－누가 물어봤어?
－그… 그건 아니지만 껄떡거리더라도 기본정보는 알고 침을 흘리라고….
하며 아내는 손을 꼬았다.
처음에 나는 그것도 모르고 출처를 캐내며 한바탕 싸웠었다. 하지만 시간이 지나자 나는 드디어 아내의 버릇을 발견했다.
그건 자신이 지어낸 얘기나 거짓말을 할 때는

자신도 모르게 양손을 꼬는 버릇이 있다는 것을….
그뒤 나는 아내와 언쟁이 붙으면 그녀의 행동을 읽고 미리서 지금과 같은 방어벽을 친 것이다.
그러나 마누라는 내가 생각한 만큼 어수룩하지는 않았다. 깊은 잠에 빠져들었으리라 믿었던 아내가 뒤척이더니 말했다.
―뭔 프론데 등짝으로까지 가리면서 껄떡거려?
―껄떡거리다니?! 요리 채널이야. 저녁을 굶었더니 출출해서 그림이라도 보려고….
나는 최대한의 목소리 연기를 하며 눈을 떼지 않았다.
그러자 아내가 버럭 소리치며 나의 어깨를 잡아챘다.
―놀고 있네! 저게 요리 채널이야. 미친년들 빨가벗고 쌩쇼하는 거지!
―그래, 니 잘났다.
나는 잽싸게 얼버무리고 일어서는데 아내가 거슴츠레 눈을 뜨며 말했다.
―앙큼한 피노키오!
나는 그 영문을 몰라 물었다.
―앙큼한 피노키오라니?
그러자 아내가 비웃음을 날리며 말했다.
―정말 몰라서 묻는 거야. 거짓말하면 코가 길어지는

인조인간!
그때서야 나는 사태를 짐작하고 조금은 강력하게 항의했다.
-알아, 근데 그걸 왜 나한테 비유하는 거야?
그러자 아내가 의미심장한 미소를 지으며 말했다.
-바지 지퍼를 봐바. 뭔지 몰라도 거짓말하니까 금세 바지가 빵빵해졌잖아!
-뭐! 뭐야!
나는 너무 쪽팔려 화장실로 들어가 버렸다.

AM! PM!

욕실에서 안정을 되찾은 나는 세면까지 마치고
잠자리에 들기 위해 거실로 나왔다. 아내는 아직까지도
소파에 아슬아슬하게 누워 자고 있었다.
그래서 안방으로 향하는데 아내가 잠꼬대처럼 말했다.
-앞으로 거짓말하지 마! 밖에서 피노키오되면
망신당하니까?
-아… 알았어. 그건 그렇고, 나 내일 출장가니까 늦지
않게 6시 반에 깨워줘!
나는 재빨리 화제를 돌렸다.
아내도 진지하게 받아들였다.
-걱정 마. 나는 아침 알람소리가 울림과 동시에 벌떡
일어나니까.

하며 코고는 시늉을 했다. 그래도 나는 안심이 되지 않아 다시 한번 다짐했다.
아내가 그 시간에 칼 기상을 한다는 걸 모르는 건 아니지만 오늘 술 한 잔 걸친 상태라
믿기지 않아서였다.
–꼭 깨워야 돼! 아주 중요한 출장이니까. 꼭…!
–알았다니까! 당신이나 깨우면 뭉그적거리지 말고 벌떡 일어나!
아내는 또다시 장담을 하고 코고는 시늉을 했다. 나는 더 이상 할말이 없어 안방문을 열고 들어가려다
슬그머니 물었다.
–소파에서 잘 거야.
–미쳤어, 안방 놔두고 노숙하게!
하며 벌떡 일어나더니 욕실로 들어갔다. 나는 안방으로 들어와 이부자리를 펴고 잠을 청했다.
하룻네 쪽팔림을 당한데다 술 한잔 걸치다보니
예상외로 쉽게 잠에 빠졌다.
소변이 마려워 눈을 떴을 때, 나는 밝아진 주위를 보고 깜짝 놀라 소리쳤다.
–자야! 자야! 이게 어떻게 된 거야?!
그러나 아내는 콧방울까지 불었다 터뜨리며 자고

있었다. 나는 허겁지겁 자명종 시계를 봤다. 이게 어떻게 된 건가? 시계는 아침 7시 반을 가리키고 있었다. 너무도 황당했다. 그렇게 장담하던 아내가 나를 깨우기보다는 내가 깨우고 있으니 말이다.

—자야! 자야! 이게 어떻게 된 거야! 일어나봐! 7시 반이야!

아내는 처음에는 심드렁하게 여기더니 현재 시간을 알려주자, 그때서야 사태의 심각성을 느끼고 벌떡 일어나 수선을 떨었다.

—그럴 리가 없는데! 분명히 알람이 울리지 않았다고!

—정말로 맞추긴 맞춘 거야?!

나는 너무도 한심스러워 아내를 쳐다보며 소리쳤다.

—그래, 자! 봐바!

하며 알람 세팅을 보여주었다.

그러나 그건 엄청난 사건을 예고하고 있었다.

—당신 이게 맞춘 거야?

하며 시계를 들이밀었다.

그러자 아내는 시계를 유심히 보더니,

—어머나, 왜 이렇게 됐지. AM이 아니라 PM이네!

아내는 안절부절 어쩔 줄 몰랐다.

나는 너무도 기가 막혀 소리쳤다.

–장하십니다! 고중자 여사님!
그러자 아내가 배시시 웃으며 말했다.
–어…어제 술이 과했나봐! 미안해요! 회사에 전화해 봐요! 변수가 있을지 모르니까….
나는 너무도 기가 차서 묵묵히 거실로 나와 회사에 전화를 걸었다. 아무도 받지 않았다.
–다들 자재창고 점검 나갔나?
ARS 안내음만이 나를 맞았다. 그래서 나는 수위실로 전화를 걸었다. 관등성명과 함께 수위 최씨가 받았다.
–아저씨, 우리 과 사람들 어디 갔습니까?
그러자 최씨가 흐물흐물 웃으며 말했다.
–가기는 어딜 갑니까. 일요일이니까 집에들 있지.
–아참! 그렇죠. 감사합니다! 수고하십시오!
나는 안도의 한숨과 함께 재빨리 전화를 끊고 베란다로 나와 담배를 꼬나물었다.
이때였다. 운동복으로 갈아입은 아내가 다가와 베란다 문을 살며시 열며 물었다.
–철중이 아빠! 어떻게 되었어요?
나는 매우 심각한 표정을 지으며 말했다.
–푹 쉬고 월요일 날 나오래!
–뭐요! 그럼, 시말서를….

아내는 매우 놀란 표정을 지으며 말했다.

–그래도 할말 없지. 다 내 불찰이니까….

하며 심각한 표정과 함께 담배 연기를 뿜어 올렸다.

아내는 울상을 지으며 어쩔 줄 몰랐다.

이때였다. 아들 철중이 녀석이 운동복차림으로 나오며 소리쳤다.

–아빠! 엄마! 오늘 일요일인데 배드민턴 치러 안가?

–그렇다면 이 인간이 쌩쇼를….

순간 아내가 눈꼬리를 치켜 올리더니 베란다 문을 열려 했다. 나는 잽싸게 반대편 문을 열고나오며 소리쳤다.

–철중아, 우리 빨리 배드민턴 치러가자!

–그래 아빠!

나는 철중이 손을 잡고 후닥닥 현관을 나와 버렸다.

–아이고 고소해! 너도 당하니까 쪽팔리지! 메롱!

배치기

우리는 철중이와의 약속을 지키기 위해 배드민턴 라켓을 들고 동네 체육공원을 찾았다.
공원에는 아침 일찍 올라온 사람들이 마무리 운동을 하고 있었다. 나는 언제나처럼 아들녀석과 배드민턴 대결을 펼치기 위해 한가한 구석자리로 갔다. 그러나 아내는 우리와는 상관없이 운동기구 쪽으로 갔다.
그래서 오늘은 비록 늦은 시간이기는 했지만 아마도 언제나처럼 운동을 하려나 싶어, 우리는 우리대로 배드민턴을 치기 시작했다.
아내는 언제부턴가 아침 일찍 일어나 체육공원을 찾았다. 그때가 아마 여고 동창생 모임을 갔다온 뒤였다. 무슨 이유인지는 몰라도 운동에 열중했다.

그건 생각건대 동창생들에 비해 망가진 몸매에 적지 않은 충격을 받은 거 아닌가 싶다. 아무튼 아내는 특별한 사유가 있는 날은 빼고 이 체육공원에 올라 운동을 하는 듯했다. 모두가 부부동반이라 혼자 가기 민망하다고 나를 부추겼다. 그러나 난 늘 회사 자재창고에서 노가다성 일을 하고 있기 때문에 휴식이 더 필요하다며 거부해 왔다. 아내도 이런 나를 십분 이해하는지 더 이상은 부추기지 않았다.

혼자 잘 다녔다. 그런데 이상한 것은 그렇게 열심인데도 체형의 변화가 없다는 것이다. 도대체 무엇하고 다니는지? 나는 그것이 궁금했었다. 그래서 오늘, 아내의 행동을 주시하기로 마음먹었다.

때마침 철중이가 친구를 만나 배드민턴 대결이 자연스럽게 이뤄졌다. 그래서 나는 한쪽에서 아내의 행동을 주시할 수 있었다.

아내는 먼저 원판 위에 육중한 몸을 올리시더니 좌우로 돌리며 허리운동을 했다. 허리를 돌릴 때마다 우람한 삼겹살이 몸부림을 치는 게 보이는 듯했다. 아무튼 아내는 줄기차게 하더니 이내 종료하고 이번에는 노젓는 기구로 올라갔다. 처음에는 약간 서툴다 싶더니 횟수가 거듭될수록 리듬이 붙어 보기 좋았다. 그러나 그것도 오래하지 못하고 내리더니 맨손체조 스트레칭을 했다. 나는 다음 동작이 기대가 돼 아내의 눈을 피해 다가갔다. 그런데 이게 어찌된 일인가?
아내는 다른 운동기구로 가는 게 아니라 한쪽에 서 있는 정원수로 다가갔다. 그러더니 느닷없이 나무 허리에 배치기를 해댔다. 그러자 나무가 충격을 견디다 못해 몸부림을 쳤다.
얼마나 요동치던지 지나치는 사람들이 눈여겨봤다.
그러나 아내는 멈추지 않고 운동 아닌 운동에 열중했다.
—저 여자가 미쳤나?
나는 순간적으로 또 다른 쪽팔림이 닥칠 거란 두려움에 후닥닥 뛰어나가 붙잡고 싶었다. 하지만 그러기엔 너무 늦어버렸다. 이미 아내의 발밑에는 충격을 견디지 못해 떨어진 나뭇잎이 상당량 쌓여 있었기 때문이었다.
그러나 아내는 멈추지 않고 열심히 배치기를 해댔다.
그런데 한 가지 이상한 것은 주변 사람들의 반응이었다.
처음에는 관심을 보이는가 싶더니
이내 연례행사란 듯 무반응이었다.
개중에는 그만하라는 눈치를 보내는 사람도 있었다.
그러나 아내는 아랑곳없이 배치기를 해댔다.
이때였다. 점퍼차림의 중년의 한 사나이가 아내에게

다가서더니 뭔가를 내보이고 아내의 손목을 끌었다.
그러자 아내는 매우 놀라는 표정을 짓더니 손을 저으며 목청껏 나를 불렀다.
―여보! 여보! 철중이 아빠!
그러자 묵묵히 지나치던 사람들이 무슨 싸움구경이 났느냐는 듯이 꾸역꾸역 모여들었다.
그럴수록 아내는 목청을 더욱 높였다.
―여봉! 여봉! 철중이 아빠!!
도저히 그냥 있을 수 없었다.
생각 같아서는 도망가고 싶었지만 동네방네 소문이 날 것 같아 후닥닥 다가서며 물었다.
―무…무슨 일이야?
그러자 아내가 울먹이며 말했다.
―이 아저씨가 구청까지 임의동행하재.
순간 나는 사내를 노려보며 따졌다.
―왜요?!
그러자 사내는 침착하게 물었다.
―이분의 보호자 되십니까?
―네.
쪽팔리긴 하지만 나는 대답했다.
그러자 그는 조금 전에 아내에게 했던 것처럼

속주머니에서 패스포드를 내보이며 말했다.
–저는 용산구청 환경미화과 가로수 정비담당 김철구입니다.
–그런데요?
–아네, 한 여성분이 국가재산을 훼손한다는 신고가 들어와 잠복 끝에 적발해서 구청까지 동행해 민사소송에 필요한 조서를 꾸미자는 겁니다.
–아냐! 아냐! 내가 아냐!
–그래요. 그렇다면 조금 전에 촬영한 비디오를 보여드리겠습니다.
그러자 아내는 이내 꼬리를 내리고,
–나만 그런 게 아냐!
–그래요. 그럼, 다른 분도 아주머니처럼 철딱서니 없는 짓을 했다는 증거를 대십시오.
순간 구경꾼들이 까르르 웃었다. 그러자, 아내는 할 말을 잃고 말았다.
–어떻게 하시겠습니까? 여기서 범칙금 스티커를 발부 받으시겠습니까, 아니면 구청까지 임의동행하셔서 그동안 시민들이 제보한 또 다른 비디오를 확인하시고 민사소송에 필요한 조서를 꾸미시겠습니까?
그야말로 빼도 박도 못하는 처지였다.

그래서 나는 범칙금 발부를 부탁했다.

－그럼, 그렇게 하겠습니다.

하며 사내는 안주머니에서 스티커 용지를 꺼내더니 아내의 신상을 물었다. 아내는 주민등록증을 안 가지고 왔다고 버티려 했다.

하지만 사내는 아랑곳없이 집에까지 따라올 태세를 취해 내가 대신 말해 발부가 됐다.

－아유! 쪽팔려!

나는 사내가 내미는 스티커를 낚아채 주머니에 넣고 뒤도 돌아보지 않고 공원을 벗어나 버렸다.

－네미, 운동 왔다는 녀에 니은이 나무는 왜 괴롭혀서 벌금 물어!

생각할수록 분이 안 풀렸다. 그래선지 머리마저 가려웠다. 그래서 근처의 이발소를 찾았다.

이발

이발소는 찾기 힘들었다. 주변에 미용실은 많았지만
남성전용 이발소는 찾기가 힘들었다.
그래서 변두리 쪽을 살펴보기로 했다.
왜냐하면 그곳은 주로 서민들이 사는 곳이기에 구식
이발소쯤은 있을 것이라는 생각이 들어서다.
내 예상은 적중했다. 언덕배기 넘어 외진 곳으로
들어서자 진짜로 구식 이발관이 있었다.
외장부터 어찌나 촌스러운지 어릴 적 이발관을 연상케
했다. 세면 블록에 삐뚤빠뚤 페인트로 쓴 이발소라는
글씨하며 낡은 여닫이문에 달린 소 방울은
정겹기 마저 했다.
나는 옛 추억을 더듬듯 조심스럽게 문을 밀쳤다. 이발소 안은 그야말로 타임머신을 타고 수십 년을 거슬러 날아온 것마냥 옛 풍경을 그대로 간직하고 있었다.
정면에 커다란 거울하며 그 위에 물레방앗간 그림과 추억이란 액자는 정말이지 옛날 그대로 였다.
거기다 낡은 밀레의 '만종'이란 액자는 파리똥마저 박혀 있어 더욱 실감나게 했다.
나는 인기척을 냈다.
—큼큼!
그러자 추억의 이발소 회전의자가 정면을 향하더니 70대의 노인이 눈을 비비며 쳐다봤다. 하얀 가운을 입은 것으로 보아 이 이발소 주인 겸 이발사인 듯싶었다.
그는 나를 쳐다보더니 싱겁게 물었다.
—누굴 찾소? 그거라면 이 밑에 있는 통장집을 찾아가쇼.
—그게 아니라 이발을 하려 왔는데요?
나는 머리를 매만졌다.
—그래요. 그럼 여기 앉으쇼? 잠깐! 미리 애기해두지만 요즘 세상에 어림도 없이 오천원 받는다고 해서 내가 실력이 없다는 건 아니니까 꽁알대려면 앉기 전에 가쇼?
노인은 보기와는 달리 도전적으로 말했다.
그건 자신의 기술을 자랑하는 동시에 어려운

주민들에게 봉사한다는 뜻이기도 했다. 그러나 외모는 솔직히 그런 사람 같지 않게 보였다. 벗겨진 머리에 뺨에는 몽니가 다닥다닥 붙어 보였다. 그렇다고 돌아설 수 없어 고개를 끄덕이고 의자에 앉았다.

그러자 새카맣게 때가 낀 포장을 목에 두르더니 근처 수돗가에 놓여 있는 물수건을 짜지도 않고 나의 머리에 올렸다. 순간 더러운 물이 얼굴을 타고 내렸다.

그렇다고 짜증낼 수가 없었다. 연세도 연세지만 무슨 소리를 들을줄 몰라 꾹 참고 맡겨 버렸다.

그러자 영감은 내 머리를 위임받았다는 듯이 사정없이 물칠을 한 다음 “어떻게 해 줄까? 살짝 칠까?”

그 말은 그게 좋지 않겠냐는 투였다.

하지만 난 반대로 말했다.

–스포츠형으로 해주세요? 약간 길게….

순간 영감님의 눈빛이 변했다.

–이 긴 머리를 말이요?

–네. 그동안 야근을 하느라고 머리를 못 깎았더니 많이 자랐네요.

–이게 많이 긴 거야. 산발을 한 거지….

하며 노인은 한숨을 내뱉었다. 그러나 나는 더 이상 토를 달지 않았다. 노인의 말이 순전히 도전적이었기 때문이다. 거기다 이미 머리를 맡기기로 마음먹었기에 참기로 한 것이다. 그러나 노인은 달랐다.

가위와 빗을 들고 몇 군데를 자르냐 싶더니,

"왜 이렇게 숱이 많은 거야?

여전히 나는 아무 말도 하지 않았다.

하지만 노인은 쉬지 않고 투덜거렸다.

－이러면 본전도 안 남는데….

－네미, 이발하는데 본전이 어디 있어요? 라고 따지고 싶었지만 꾹 참았다.

그러나 노인은 쉬지 않고 투덜거렸다.

－쓰레기봉투 사야지. 어깨에 파스 사서 붙여야지 니기미 이거 완전히 밑졌구먼….

그래도 나는 아무 말도 하지 않았다. 아예 눈을 감고 어찌됐던 간에 이발이 끝나기만을 바랬다.

그러나 노인은 쉬지 않고 투덜거렸다. 나의 응답이 없자 이제 신음 소리까지 냈다.

－아이고 팔이야! 아랫동네 정가 놈 이발소에는 대머리가 잘도 온다는데 우리 집구석에는 무슨 산발 구신이 붙어 산발한 놈 투성이여! 아이고 팔이야!

정말이지 영감의 횡포가 도를 지나치고 있었다.

하지만 나는 꾹 참았다.

그러자 그는 한숨만 내쉬었다. 얼마나 지났을까. 영감이 수건으로 어깨를 사정없이 턴 다음 말했다.

－다 됐수!

그건, 어깨에 묻는 머리카락을 털어낸다기보다는 폭행이나 다름없었다. 그렇다고 항의할 수 없어, 정중하게 요금을 지불하고 문을 향했다. 그러자 노인이 머리를 감겨주겠다고 했다. 그러나 그 어떤 고문을 당할지 몰라 손사래를 치고 도망치듯 나왔다.

밖으로 나온 나는 해방의 기쁨을 맛봤다. 쇼생크 탈출이 이러했을까? 나는 자유를 만끽하며 집을 향했다.

순간, 억울하다는 생각이 들었다.

이게 다 그 잘난 마누라 때문이라고….

그래서 한바탕 할 참으로 걸음을 빨리했다.

또 다른 쪽팔림이 기다리고 있는 줄도 모르고….

사랑과 전쟁 (1)

문을 박차고 들어가자 아내는 무슨 충격을 받았는지, 타이즈 차림에 러닝머신을 하고 있었다.
정말 가관이었다. 이런 말은 해서 안 되지만 그야말로 암돼지 한 마리가 젖을 출렁거리며 뛰는 것 같았다.
거기다 더 기가 차는 것은 러닝머신 주위에 놓여 있는 쟁반에 통닭과 콜라였다. 그 사이 시켜서 한 차례 때렸는지 반 이상이 비어 있었다.
나는 너무도 어이없어 물었다.
– 지금 뭐하는 거야?
– 어머! 자기 이발했네?
아내는 공원에서의 쪽팔림을 무마라도 하겠다는 듯이 은근히 관심을 보였지만 나는 도전적으로 말했다.

－지금 뭐하는 거냐고?

그러자 아내가 빙그레 웃으며 말했다.

－이제는 자연을 훼손하지 않고 몸매를 유지하려고….

－몸매 유지?! 통닭에 콜라를 먹어가면서?

－그럼, 어떻게 해! 어지러운데….

하며 말이 끝나기도 전에 러닝머신에서 내려와 콜라를 마셨다.

－너 정말 속이 있는 거니? 없는 거니?!

나는 너무도 기가 차서 콜라를 뺏어 현관에 내팽개치며 소리쳤다.

－어머! 왜 그래!

아내가 너무 뜻밖이라는 듯이 소리쳤다. 나는 기세를 늦추지 않고 퍼부었다.

－넌 도대체 무슨 생각으로 사니?

그제야 사태를 파악한 아내도 기선을 내줄 수 없다는 듯이 소리쳤다.

－무슨 생각으로 살아가다니?! 몰라서 물어! 현모양처 생각으로 살아간다!

－뭐야! 그러는 여자가 허구한 날 서방을 쪽팔리게 만드냐?

－당신! 지금 공원에서 범칙금 발부받은 것 가지고

그래?

―그것뿐만 아니야!

―무슨 남자가 좀팽이같이 지나간 일을 들추고 그러냐?

―뭐야! 좀팽이! 이걸 그냥!

순간 나는 나도 모르게 손을 치켜들고 말았다. 폭력을 죽기보다 싫어하는 내가 손을 든 것은 그동안 쌓인 쪽팔림에 대한 분노의 폭발이었다. 그러나 그건 비록 제스처일망정 커다란 오류를 낳고 말았다. 아내는 드디어 기선을 잡았다는 듯이 바로 도끼눈을 뜨더니

"치려고? 그럼 쳐!"

하며 바로 머리를 디밀었다.

―누…누가 친데! 위협을 한 거지!

이래선 안 되는데 나는 나도 모르게 꼬랑지를 내리고 말았다. 그러자 아내는 기회를 잡았다는 듯이 줄기차게 대들었다.

―쳐! 신나게 얻어맞고 자리 보존할 테니까!

하며 줄기차게 머리를 나의 가슴에 디밀었다.

그래도 참았어야 했다.

하지만 난 성질을 이기지 못하고 밀치고 말았다.

―너 정말!

그러자 아내는 연기파 배우 못지않게 금방 눈물을

흘리며 소리쳤다.

—쳤어! 그래! 죽여라! 죽여!

하며 황소처럼 나의 가슴을 향해 돌진했다.

나는 어이없게도 바닥에 벌렁 눕고 말았다.

그래도 아내는 줄기차게 머리를 디밀었다.

나는 아내의 머리를 조심스레 밀어내며 말했다.

—이게 친 거냐? 살짝 민 거지!

하며 또다시 밀어냈다. 그러자 아내는 건수를 잡았다는 듯이 할리우드 액션을 서슴지 않았다.

벌렁 누워 바동거리며 "또 쳤어!"를 외쳤다. 나는 너무도 기가 막혀 바지를 털고 일어나며 맞받아 쳤다.

—어유! 이젠 그 쇼도 질린다! 질려!

하며 현관으로 향했다. 그러자 아내가 두 발을 들어 허공에 반동을 두어 번 시도하더니, 이내 윗몸을 일으켜 나의 바지 자락을 잡았다.

—질린다고! 그러니까, 어디에 안 질린 년 꼬불쳐 놨다 이거지?

—관두자! 관둬!

나는 너무도 기가 차 아내의 손을 털어내고 현관으로 향했다. 하지만 아내는 거머리처럼

달라붙으며 소리쳤다.

- 어디 가려고 그래! 남자가 칼을 뺐으면 무라도 잘라야지!
— 그럼, 니가 지금껏 잘했다는 거야!
— 그건, 이거하고 틀리지!
— 틀리다니?
— 사실이 그렇잖아. 신혼 때는 이것보다 더해도 귀엽다면서?
— 그땐 사정이 다르지.
— 사정이 다르다니? 그럼 지금은 애정이 식었다는 거야?
아내는 나의 팔을 끌더니 소파에 내던지듯이 앉히고 따졌다. 순간 열이 뻗쳤지만 이내 참고 차가운 말로 되받아쳤다.
— 그래 식었다. 식다 못해 고드름처럼 꽁꽁 얼었다.
— 뭐야! 난 그런 줄도 모르고 이 생명 다 바쳐서 사랑하고 있었으니!
하며 특유의 통곡에 시동을 걸었다.
그러나 나는 개의치 않고 거들먹거렸다.
— 그래 유행가를 불러라! 불러!
순간 아내가 나를 째려보더니 통곡의 강도를 높였다.
— 아이고, 내 팔자야! 엄마는 이런 줄도 모르고 내가 시집가서 남편사랑 신나게 받으며 잘 산다고 그러지!

아이고 아버지! 난 이제 어쩌면 좋아!

하며 바닥까지 치며 쌩쇼를 했다.

―우아! 니 연기 많이 늘었다. sbs 스타킹에 나가 보지 그러냐!

순간, 아내가 갑자기 통곡을 멈추더니 슬며시 물었다.

"진짜로 거기에 나갈 정도야?"

그 표정은 언제 통곡했냐는 투였다.

―그래! 대상도 받겠다야!

―그럼 나가 볼까!

하며 머리를 매만졌다. 그리고 잠시 뭔가 생각하더니 나를 보며 소리쳤다.

―야비한 인간! 화제를 기막히게 바꾸는구먼.

―그거야 말려든 니가 띨방이지?

―뭐야! 띨방?!

이 단어는 쓰지 말았어야 했다.

하지만 이미 하고 말았으니, 아내의 다음 말의 꼬리를 잡을 도리 밖에 없었다.

그러나 아내는 싱겁게 오버하지 않고 침착성을 되찾더니 내 옆에 앉으며 다소곳이 물었다.

―내가 신혼하고 뭐가 달라졌는데?

나는 은근히 화가 안 풀린 척 말했다.

–몰라서 물어?

–뭘?

–집에 있으면서 한번이라도 화장한 적 있어?

–그럼, 술집 여자처럼 진하게 하고 있으란 말이야?

하며 술집 여자 같은 표정을 지었다.

나는 아내의 눈치를 살피며 조심스럽게 말했다.

–그…그런 건 아니지만 기본은 해야지?

–기본이라니? 맥주 하나에 마른안주 2개?

–지금 장난쳐?

–그렇다면 나 기본은 했어.

하며 새침한 표정을 지었다.

나는 너무도 어이가 없어 소리쳤다.

–그런 여자가 잠옷차림에 눈곱도 안 떼고 밥 차려 주냐?!

그러자 아내가 살며시 꼬리를 내리며 말했다.

–그…그거야. 집안 살림하랴 동철이 키우랴 힘들어서 그렇지.

–무슨 소리야. 우리와 같은 때 결혼한 장 대리 마누라는 지금도 고운 옷에 화장을 하고 맞이한다더라.

–그렇다고 우리 사이에 꼭 그래야겠어….

아내가 옷매무새를 다듬으며 얼버무렸다.

–물론이지. 사랑은 늘 새로움에서 힘을 발하니까.
–그래서?
–뭐가 그래서야? 노력하라는 거지.
–그런 당신은 나한테 기본을 지켰다고 생각해!
–물론이지!
–좋아, 그럼 따져 보자고!
–얼마든지?
–당신과 결혼만 해주면 설거지고 청소고 다한다던 그 약속 어떻게 된 거야?
–그…그거? 이제 그 필요성이 없는 것 같아서 지운거지?
–그건 또 무슨 말이야?
–쉽게 말해서 다 잡은 고기한테는 미끼를 줄 필요가 없다는 거지. 거기다 사나이가 주부의 신성한 의무를 가로챈다는 게 자존심이 허락지 않기도 하고….
–뭐야!
아내는 너무도 기가 막힌다는 듯이 쳐다봤다. 그러나 나는 계속 뻔뻔한 표정을 지으며 손마디만 꺾었다.
–그럼, 앞으로의 계획은?
아내는 비장한 표정을 지으며 물었다.
–그…그거야 하는 것 봐서 사랑의 강도를 높일까 해.

−어떻게?

−그거야 그때 가서 정하도록 하지. 그러려면 몸도 마음도 희생이 따라야 할 거야.

−그건 또 무슨 말이야?

−그, 그러니까 체형도 바꾸고, 교양도 길러야 한다는 거지!

−그럼, 당신은 어떻게 할건데?

−나도 노력할 거야. 우리 잘해 보자.

하며 종전(終戰)의 악수를 청했다. 그러자 아내는 잠시 망설이더니 이내 내 손을 잡았다.

아내의 알밴 손이 부드러웠다. 그래선지 나도 모르게 손을 땅겨 뽀뽀를 하고 말았다.

이때였다. 현관문이 활짝 열리더니 동철이가 들어왔다.

순간 아내의 연기가 발휘됐다.

갑자기 돌변하는 표정을 짓더니 소리쳤다.

−그래 어디 한번 해봅시다!

그러자 동철이가 울먹이며 말했다.

−어… 엄마 왜 그래? 아빠가 또 레슬링하재?

−뭐…뭐야!

아내와 나는 말문이 막혀 쳐다봤다. 그러나 동철이는 여전히 눈물을 글썽이며 나에게 말했다.

―아빠는 왜 맨날 엄마만 괴롭혀! 서…선생님이 여자는 약하니까 괴롭히지 말라고 했는데….

―이…인마. 그, 그게 아냐!

나는 이 녀석의 당돌한 한마디에 말문을 잃고 말았다.

이때였다. 구세주가 나타났다.

노크 소리가 들리더니 이어서,

―동철이 엄마! 동철이 엄마! 계세요!

여자 목소리가 아내를 소리쳐 불렀다.

―네, 나가요.

아내가 위기를 벗어나겠다는 듯이 현관으로 다가가 문을 열어주었다. 아래층에 사는 아주머니였다.

아주머니는 몹시 화난 표정이었다. 그녀는 더 이상 참을 수 없다는 듯이 동철이를 노려보며 말했다.

―동철이 이 녀석, 마침 있었구나.

너 계속 그렇게 뛸 거야!

순간, 동철이가 억울하다는 듯이 울상을 지으며 말했다.

―난 안 뛰었는데!

―그래도 이 녀석이! 이제 거짓말까지 하네!

하며 윽박질렀다.

그러나 아내와 난 비겁하게 나서지 못했다.

실상은 아내가 러닝머신을 한 건데….

내가 마누라가 그랬다고 하면 남자가 쪼잔하게 일러바친다 싶어 입을 다문 것이다. 그래서 이 위기만 지나가길 바랄 뿐이었다.
그러나 동철은 아랑곳없이 항의했다.
—내가 안 그랬어요. 지금 학교에서 왔어요?!
—뭐야, 그래도 이 녀석이!
아주머니는 아랑곳없이 눈꼬리를 올렸다.
그러나 동철이는 끝까지 결백을 주장했다.
—내가 안 그랬단 말에요!
—그럼, 엄마 아빠가 그랬단 말이야?
—네, 아마 아빠 엄마가 씨름해서 그랬을 거예요.
—뭐… 뭐야? 이 벌건 대낮에…!
아주머니는 이상한 표정을 지으며 아내와 나의 얼굴을 번갈아 쳐다봤다. 나는 낯이 뜨거워 베란다 쪽으로 다가갔다. 그러자 아주머니는 이내 부러운 눈초리로 쳐다보며 말했다.
—이제 보니까 대단하시네요. 우리 집이 울리도록 격렬하게 사랑을 하시는 거 보면….
그러나 아내는 아무런 변명도 하지 않았다.
나는 억울해 슬며시 말했다.
—그…그게 아니라 저 사람이 이…이것 하느라고….

하며 근처에 있는 러닝머신을 매만졌다.

그러나 아주머니는 여전히 부러운 눈치로 말했다.

—동철이 엄마는 좋겠수! 철갑상어 같은 남편을 두어서…. 아이고, 우리 집 인간은 언제나 기력을 차리려는지…. 어유, 어유!

하며 현관문을 나섰다.

—이, 이거 뭐야? 당신 왜 가만히 있는 거야?

나는 너무 기가 막혀 소리쳤다.

순간 아내가 빙그레 웃으며 말했다.

—왜 그래? 정력이 좋다는 건데?

이때였다. 울상을 짓던 동철이가 금세 표정을 바꾸며 물었다.

—엄마, 정력이 뭐야?

—그, 그거…. 아빠 전문이야. 아빠한테 물어봐!

그러자 아들녀석이 나에게 다가서며 물었다.

—아빠! 정력이 뭐야?

순간 나는 나도 모르게 엉겁결에 소리치고 말았다.

—인마! 뭐긴 뭐야! 힘쓰는 거지….

그러자 아내가 어처구니 없다는 표정을 지으며 말했다.

—좋은 거 가르치십니다!

—아이고 쪽팔려!

나는 후다닥 현관을 나섰다.

순간 베란다에서 빨래를 걷던 아줌마가 부러운 눈길로 쳐다봤다.

나는 나도 모르게 헛기침을 하며 재빨리 아파트 귀퉁이로 숨어들었다.

"어유! 어유! 난 왜 이렇게 맨날 쪽팔림에서 벗어날 수 없는 지?" 이게 다 마누라 덕분이라고 생각하니 또 다른 분노가 일었다.

사랑과 전쟁 (2)

밖으로 나온 나는 마땅하게 갈 곳이 없어 주변을 기웃거리다가 내일 야간조이고 하니 생맥주나 한잔할까 하고 목로주점으로 향했다.

이때였다.

골목어귀에서 오십대로 보이는 한 아저씨가 바지춤을 추스르며 나왔다. 모르긴 해도 영역표시를 하지 않았나 싶었다.

그러나 그는 전혀 죄의식도 없이 앞장서 걷더니 갑자기 멈춰섰다. 그리고 스모 선수 양발벌리기 체조를 하는가 싶더니 일성과 함께 지축을 흔드는 방귀를 뀠다.

–소리요! 뿌웅!!!

놀라 쳐다보니 아저씨가 뻔뻔하게 말했다.

－그리 놀랄 것 없소. 뻥튀기 장사를 하다보니 버릇이 돼서….

기가 막혀 웃음이 나왔다.

그렇다고 소리내어 웃을 수 없어 한마디했다.

－장하십니다!

그러자 아저씨는 "고맙시다!" 하며 오른쪽 골목으로 꺾어져 가버렸다.

－뭐 저런 인간이 있어….

나는 너무도 어이가 없어 한마디 흘리고 발길을 빨리했다. 경제가 어렵다 보니 모두가 막가는 듯싶었다. 막장이니 덤빌 테면 덤벼 보라는 듯이….

목로주점에는 파리만 날리고 있었다.

언제나처럼 한물간 마담의 손금을 봐주겠다는 핑계로, 손목을 잡고 떡고물 주무르듯이 주무르는 70대 노인 외에는 아무도 없었다.

마담은 나를 보자 구세주라도 만난 듯이,

－오랜만이에요.

하며 집요하게 잡는 영감님의 손을 뿌리치고 나에게 다가왔다. 노인은 황당하다는 표정을 지었다.

그리고 이내 질투의 눈빛을 발하더니 담배를 꼬나물었다.

– 오 선생님, 오랜만에 오셨네요?
– 아네.
나는 노인의 눈빛이 따가워 건성으로 대답하고
마른안주에 오백 하나를 시켰다.
이때였다. 40대쯤으로 보이는 사내 둘이 들어왔다.
그들은 자리에 앉자마자 한숨을 내뱉었다.
– 젠장, 경제는 언제나 좋아지련지?
순간 노인이 노려봤다. 그건 천적이 하나 더 붙었다는
표정이기도 했다.
그러나 녀석들은 아랑곳없이 떠들었다.
– 경제가 살아야지. 이거야 온 어디 살겠어!
– 그러니까 말이야. 경제가 이 모양이니 나라꼴이 이
모양이지!
이때였다.
노인이 더 이상 참을 수 없다는 듯이 버럭 소리를
지르며 다가왔다.
– 어이! 자네들이 뭔데? 날 가지고 지랄이야! 내가 늙은
마담 손금 좀 본다고 해서 나라가 이 모양이라니! 이거
너무한 거 아냐!
노인은 화가 치미는지 삿대질까지 했다. 두 사내는 아닌
밤에 무슨 홍두깨냐는 표정으로 노인을 쳐다봤다.

그러나 노인은 아랑곳없이 떠들었다.
－너무 그러지마. 자네들이라고 안 늙을 줄 알아!
그렇게 노인 이름 함부로 부르면서 비난하는 거 아냐!
－뭐라고요!
사내 중에 걸쭉하게 보이는 사내가 더 이상 참을 수 없다는 듯이 노인에게 항의했다.
－영감님! 도대체 우리가 무슨 잘못을 했다고 시비세요?
그러자 노인이 기가 막힌다는 듯이 소리쳤다.
－이거 완전히 노인네 엿먹이네! 내 귀가 0.2인데 오리발이네! 나 너무 무시하지 마! 이래봬도 통일부동산 대표 한경제야!
하며 사내들은 물론이고 나에게도 명함을 내밀었다.
확실했다. 노인의 존함은 '한경제'였다.
나는 너무도 아이러니해 마담이 가져다 주는 오백을 게눈 감추듯이 감추고 계산과 동시에 술집을 빠져나와 버렸다.
마담이 뒤통수에 대고 노인네가 손을 팽개쳤다고 삐져서 저러니 이해하라고 했다.
그러나 나는 아랑곳없이 골목으로 파고들었다.
정말 세상 왜 이러는 거야. 그야말로 개그 세상이었다.
집에 돌아오니 아내가 눈에 쌍불을 켜고 나를 노려봤다.

난 그 연유를 몰라 물었다.

－왜 또 그래?!

그러자 아내는 두말없이 나의 핸드폰을 내밀었다.

－그러니까? 밥 차려 놓고 전화했더니, 안 가지고 나가 열 받았다 이거지?

그러나 아내의 표정은 좀처럼 누그러지지 않고 도전적으로 말했다.

－열받은 김에 서방질한다고 그년 만나고 온 거야?

－그년이라니?

나는 너무도 어이없는 아내의 억지에 다그쳤다. 그러자 아내는 나의 핸드폰을 다시 뺏아 뭔가 조작을 하더니 내게 내밀었다.

스팸메일이었다.

거긴 이렇게 쓰여 있었다.

〈오빠! 어디야? 나 지금 촉촉이 젖어 있어!〉

순간 어이가 없어 웃었다. 그러자 아내가 더욱 수상한 눈초리로 다그쳤다.

－술집년 같던데? 어디 술집이야!

－당신 정말? 알고나 하는 소리야?

나는 너무도 황당해 물었다. 그러나 아내는 장난이 아니었다. 갈수록 강도를 더했다.

— 이쯤에서 그만 털어놓으시지?
— 뭘?!
— 불륜!
— 뭐야! 불륜?!
— 그러지 않고서야 이렇게 노골적인 표현을 할 수가 있어?!
사이. 또다시 연기파 기질을 발휘했다.
가슴을 마구 치더니,
— 내가 띨방이야. 사사건건 못마땅해 할 때 눈치를 챘어야 하는데…. 그것도 모르고…. 아이고, 엄마, 난 이제 어쩌면 좋아. 오입쟁이 남편하고 어떻게 살아!
아내는 눈물까지 흘리며 쌩쇼를 했다.
나는 더욱 기가 막혀 소리쳤다.
— 당신! 정말로 날 못 믿는 거야?
그러자 아내는 당연하다는 듯이 다그쳤다.
— 그럼, 증거가 이렇게 명백한데 믿을 수가 있어…. 다시 묻겠는데 이년이 누구야!!
— 좋아! 나 역시 당신에게 다시 한번 묻겠는데? 진짜로 날 못 믿는 거야?
나는 다짐 받듯이 물었다. 그러나 아내는 더 이상 재고할 여지가 없다는 듯이 단호했다.

–오리발 내밀 생각마. 조사할 건 다해 봤으니까.
–조사라니?
나는 너무 기가 막혀 소리쳤다.
–내가 그년의 전화를 추적해 봤지. 철저히도 숨겨 놓으셨더구먼!
하며 수사관마냥 의기양양한 표정을 지었다.
–뭐야! 그럼 너!
순간 나는 앞이 캄캄했다. 초당 요금이 부여되는 악질 상술에 말려 끝까지 파고들었다니, 다음 달 전화요금이 걱정돼서였다. 나는 생각할수록 기가 막혀 물었다.
–당신 지금 제 정신이야?
–그러니까 당신의 검은 의혹을 따지고 있잖아!
–농담하지 말고!
–나 지금 농담 아냐. 심각하다고….
–그래?! 그렇다면 당신 혹시 스팸메일이라는 거 알아?
–누가 그럼 그것도 모르는 천치 줄 알아!
하며 오른 다리를 달달 떨었다.
–그런 인간이 속아서 끝까지 추적했단 말이야!
나는 너무 기가 막혀 소리쳤다. 그때서야 아내도 사태의 심각성을 실감하는 듯 소리쳤다.
–그럼, 이게 그거란 말이야!

-그래 띨방 마누라야!!
-뭐야 그럼, 완전히 속았네.
-그래. 다음 달에 기십 만원의 전화비가 청구될 텐데 전화비 어떡할래?
순간 아내는 넋을 잃고 바닥에 주저앉아 버렸다.
한푼이라도 아끼자고 먼 재래시장까지 걸어가 악착같이 절약을 했는데, 쌩돈 기십 만원을 날리게 생겼다니 아내는 머리를 쥐어뜯으며 괴로워했다.
이건 할리우드 액션이 아닌 실사였다.
-아이고, 미친년! 그것도 모르고!
사이, 아내는 가슴을 치며 괴로워하더니 벌떡 일어나며 비장한 목소리로 소리쳤다.
-나 같은 년은 죽어야 해!
하며 부엌 서랍을 뒤적이더니 언젠가 모아두었던 종이끈을 꺼내더니, 자신의 목에 감고 양손으로 잡아 다니며 캑캑거렸다. 이건 좀 안 됐지만 할리우드 액션 과였다. 내가 놀라 다가섰을 때 종이끈은 인장력을 견디지 못하고 이내 끊어져 버렸다.
그러자 이번에는 벽에 머리를 부딪치며 자학을 했다.
-아이고, 띨방한 머리 깨버리고 죽어야 해!
이번에는 실사처럼 보여 막았다. 그리고 은근히 위로의

말을 던졌다.

―너무 그러지마! 다 지나간 일 가지고….

―그래도 먹지도 쓰지도 못하고 기십 만원 날리게 생겼는데 어떻게 살아….

―내가 절약할 테니까 진정해…. 그리고 따지고 보면 다 날 사랑해서 생긴 일 아냐.

그때서야 아내는 자학을 멈추고 나의 품에 얼굴을 묻었다.

―아이고, 귀염둥이…. 나의 영원한 꽃돼지…. 귀염둥이 꽃돼지야, 사랑한다. 이 세상 누구보다도….

직접적으로 말을 건네지는 않았지만 나는 힘주어 아내를 꼭 껴안았다.

순간 어디선가 소리가 났다.

―뽕!

방귀 소리였다.

아내의 몸을 탈출한 귀여운 방귀소리였다.

어떻게 보면 분위기를 깨는 소리였지만 사랑의 응답이라 싶어 상관치 않았다.

초원의 꿈

배꼽시계의 시보에 어쩔 수 없이 포옹을 풀었을 때 아내가 말했다.
—우리 밥 먹자!
하며 나의 손을 끌었다.
생각 같아서는 한잔 먹은 김에 아내를 안고 안방으로 들어가 침대에 내던지고 사랑의 정사를 하고 싶었지만 배꼽시계의 외침을 무시할 수 없어 식탁으로 향했다.
식탁을 본 순간 난 놀라고 말았다.
그야말로 초록 일색이었다.
—이거 뭐야? 오늘부터 토끼 키우기로 한 거야?
그러자 아내가 애교 섞인 목소리로 말했다.
—사십대 초반이긴 하지만 당신 배 관리도 해야 할 것

같아서… 준비했어.
–뭐야! 그럼 내가 앞으로 토끼 아니 염소가 되어야 한다는 거야.
나는 기가 막혀 소리쳤다.
–염소는 그렇고 '소'지… 음매!
하며 귀엽게 웃었다.
–'소'라, 그러니까 이제 초식으로 코를 꿰시겠다.
–응. 이게 다 일석이조를 위해서야. 그러니까 도랑치고 가재 잡고, 마당 쓸고 동전 줍고…. 자연보호하고 당신 몸짱 만들고….
–그럼, 날마다 노가다로 일관하는 나는 어떻게 힘을 쓰고?
–그건 걱정 마 돈 데이를 따로 정했으니까.
–돈 데이라니? 고기 따로 사먹으라고 날을 정해 돈을 주겠다고?
–그게 아니라, 주에 한 번씩 삼겹살 파티를 하겠다고… 이의 없지?
–허허….
나는 그저 웃고 말았다. 솔직히 말해서 나의 배는 어떻게 된 건지 날이 갈수록 임산부의 배를 닮아가 은근히 걱정되던 터였으니까.

아내 역시 이대로 가다가는 그야말로 절구통이 될 것 같아 은근히 다이어트를 권할까 생각하던 참이었다. 그래서 동참하는 것도 나쁘지 않다고 여겨 동의성의 웃음을 보인 것이다.

―그럼, 드세요!

하며 아내는 제 손바닥만 한 상추를 들더니 밥을 한 숟갈 얹고 된장을 발라 입에 넣고 옴지락거렸다.

나도 따라서 한 입 했다. 맛있었다. 이런 날이 계속 된다면 물리지 않을까 하는 생각도 들었지만 습관되면 괜찮으리라 싶어 연달아 싸먹었다.

식사가 끝나자 아내는 커피 대신에 칡차를 주었다.

아내는 둥굴레 차를 마셨다. 차를 마신 우리는 거실로 나왔다. 바로 잠자리에 들까 생각도 했지만 늦둥이 녀석 동철이가 학원에서 돌아오지 않아 기다려야 했다.

아내가 TV를 켰다. 자로 잰 듯 선전이 끝나고 주말 연속극이 시작됐다.

즐겨보지 않아서 내용은 잘알 수 없었다.

하지만 흘러가는 꼬락서니를 보아 남자가 불륜에 빠져 가정을 팽개친다는 내용이 아닌가 싶었다.

―저 나쁜 놈! 남자는 저래서 다 짐승이라니까!

금세 드라마 속으로 빠져든 아내가 TV 속에 남자

주인공에게 손가락질 하며 소리쳤다. 그러나 듣기가 좀 그랬다. 아무리 저 녀석이 그렇다 치지만 남자를 다 싸잡아 매도한다는 건 너무한 것 같아 한마디했다.

—그건 다 사람 나름이지.

—뭐가 그래. 다 늑대의 탈을 쓴 거지.

—글쎄 난 안 그렇다니까. 누가 뭐래도 난 아무리 예쁜 여자와 한 여관에 든다고 해도 난 그냥 손만 잡고 잘 거야.

—뭐야! 그런 인간이 나 처녀 때 무이도 데리고 가서 어떻게 했어? 일부러 배 시간 놓치게 해서 민박집에 들어갔을 때 말이야.

—그…그때 잘 생각이 안 나는데….

—안 나긴 뭐가 안나? 내가 불안해 구석에 앉아 벌벌 떠니까 당신이 그랬잖아. 난 그런 사람이 아니니까 걱정 말고 내 옆에서 자라고…. 그래서 난 순진하게 그걸 믿고…. 잠들었다가….

—글쎄 난 금시초문인데….

—뭐가 금시초문이야. 새벽녘에 가슴이 답답해서 눈을 떠보니까 당신이 내 위에 있었잖아….

—그…그랬었나… 하지만 저 녀석처럼 따먹고 버리지 않고, 끝까지 책임졌잖아.

—잠깐! 따 먹다니? 여자가 열매야, 따먹긴 뭘 따먹어?
—그, 글쎄…. 난 이만 들어가 자야겠다. 왠지 피로가 쏴아 밀려오네.
하며 슬그머니 안방으로 향했다.
—허긴 그래, 아직까지도 나 밖에 모르는 양반이니까.
하며 아내는 입을 가리고 호호호 웃었다.

추억의 노래

안방으로 들어온 나는 침대에 몸을 던지고 추억 속으로 빠져 들었다.

그야말로 아내는 예뻤다.

얼굴도 미소도 코도 귀도 입술도 모두모두 예뻤다.

그날 강 대리 대신에 거래처에 납품가지 않았다면 난 정말이지 이 사랑덩어리를 만나지 못했을 것이다.

이 점은 신께 감사를 드린다.

문을 열고 들어섰을 때, 미스 고는 나를 보며 살인 미소와 함께 말했다.

– 어서 오십시오. 어떻게 오셨죠?

순간 나는 그녀의 외모에 한눈에 반해 말문을 잃고 말았다. 그러자 그녀는 다정하게 물었다.

—무얼 도와드릴까요?

순간 나는 오줌을 저릴 정도였다. 끝내 말문을 열지 못하고 망설이는데 누군가 등을 두드리며 말했다.

—아이고 오 대리! 오 대리가 우리 회사에 웬일이야?

거래처 사장님이셨다.

그때서야 나는 이성을 되찾고 말했다.

—아네. 강대리가 일이 생겨서 대신 왔습니다.

—그래. 그럼, 빨리 들어가 봐야겠구먼. 미스 고, 송장(送狀) 확인 좀 해주지….

하며 사장님은 미스 고를 나에게 인도했다. 고마웠다. 남자 천사가 따로 없었다.

만약에 사장님이 속도 모르고 자기가 하겠다고 나섰다면 난 두고두고 미워했을 것이다.

—가시죠?

미스 고는 귀엽게 한마디 뱉고 넓적한 엉덩이를 귀엽게 흔들며 앞장섰다. 나는 오줌 마려운 강아지처럼 졸졸졸 뒤따랐다.

—시멘트 30포, 5인치 파이프 20개….

미스 고는 시를 읊듯이 자재를 확인했다. 나는 그녀의 사랑스런 소리에 취해만 갔다. 드디어 자재 확인이 끝난 미스고가 "오케이!"를 외쳤을 때

자재가 더 없음을 원망했다.
—가시죠, 오 대리님!
하며 그녀가 사무실로 향했다.
난 역시 그녀의 최면에 걸린 듯 여전히 졸졸 뒤따랐다.
사무실에 들어가 확인 도장을 찍어주고 커피를 한잔 타 내밀었을 때 나는 손이 떨려 커피를 옷에 쏟고 말았다.
그러자 미스 고가 자신의 주머니에서 손수건을 꺼내 닦아주며,
"죄송합니다. 이거 어쩌죠?"
미스 고는 순전히 나의 실수인데도 자신의 실수인 양 어쩔 줄 모르며 손수건을 건네주었다. 나는 너무도 당황해 어쩔줄 모르며 사무실을 나와 버렸다.
—순진한 놈!
사실이 그렇지. 난 그때까지만 해도 여자다운 여자를 만나지 못했다. 어머니가 주로 선 줄을 대주시긴 했지만 순전히 당신 취향으로 맞선을 주선했기 때문이다.
그래선지 한결같이 동그란 달덩어리 얼굴에 엉덩이가 펑퍼짐한 절구통 스타일로 좀처럼 구미가 당기지 않았었다. 그런데 팔등신의 미스 고를 보니 이성을 잃은 것은 당연지사였다.
어떻게 회사에 복귀한 줄도 모르게 회사로 돌아온 나는

순전히 미스 고 타령만 했다. 거기다 그 당시 유행가 이태호의 '미스 고'가 은근 슬쩍 나의 마음을 긁었다.
~미스 고~ 미스 고~ 나는 너를 잊지 못했다. ~짧은 순간 나의 가슴에 머물다간 그 흔적 너무 크더라.
그날 이후 나는 미스 고의 환상 속에 살았다.
아침에 눈을 떠도 미스 고~ 밥을 먹어도 미스 고~ 회사에 출근해서 일을 해도 미스 고~ 퇴근해서 자취방에 와서도 미스 고~ 저녁 밥 먹을 때도 미스 고~ 잠을 잘 때도 미스 고~
속도 모른 회사 동료들은 이런 나를 보고 이태호의 열성 팬이라고 했다. 한번은 이런 적이 있다.
잠이 오지 않아 옥상에 올라가 미스 고가 준 손수건을 머리에 쓰고 미스 고를 구성지게 불렀다.
~ 미스 고~ 미스 고~ 나는 너를 잊지 못했다. ~짧은 순간 나의 가슴에 머물다간 그 흔적 너무 크더라.~
노래가 끝날즈음 앞집 창문이 신경질적으로 열리더니 육십 대로 보이는 한 아저씨가 소리쳤다!
- 젠장할, 다 늙어빠진 할망구! 어따가 쓸려고 잠 못 자게 기를 쓰고 부르며 지랄이여! 우리 할망구 고막례!
그렇게 환장하겠으면 기어내려와 데려가!
귀찮아 죽겠으니께!

순간 나는 말문이 막혀 후닥닥 내려와 버렸다. 그날 이후 동네 사람들의 눈빛이 달랐다.

–저 인간이 달밤에 체조하는 인간이라며?

–멀쩡하게 생긴 놈이 안 됐다.

그때마다 나는 너무도 쪽팔려서 얼굴을 가리고 달렸다. 그리고 잠시 후 한많은 전봇대에 머리를 처박아서야 제 정신을 차렸다.

이제부터는 입으로만 떠들게 아니라 정면도전하기로….

그래서 나는 강 대리와 반장님께 뇌물을 주고

배달직으로 보직을 바꾼 다음 줄기차게

선물공세를 했다.

–선물에 약한 게 여자라던가?

한 달째 되던 금요일 오후에 드디어 그녀가 말했다.

–내일 오전 근문데 어디 바람 쐬러 안 가실래요.

–조…좋아요. 제가 모시러 오죠.

남자나 여자나 약간 튕겨야 맛이 나는데 난 이것저것 재지 않고 단박에 수락하고 말았다.

그러자 미스 고가 싱긋 웃었다.

그날 저녁 난 한숨도 자지 못했다. 일당백의 작전을 짜느라고… 지우고 또 지우고…. 그러다 얻은 결론은 정복 쪽이었다. 누가 뭐래도 주기(朱記)를 먼저 한 놈이

임자라는 군대의 명언을 되새기고, 배가 떨어지면 섬에 갇히는 유리한 조건에 무의도로 결정을 내린 다음 비로소 잠을 청했다.
다음날 아침 늦잠으로 지각을 한 나는 과장님으로부터 호통을 들었다. 하지만 아무렇지 않았다.
몇 시간 후면 환상의 파라다이스에서 내 생애 꿈꾸던 단꿈에 젖어 있을 테니까.
드디어 퇴근시간 종이 울리자마자 나는 후닥닥 나와 택시를 타고 미스 고를 찾았다. 미스 고도 방금 퇴근을 한 듯, 청바지 차림에 진달래 빛 티셔츠를 입고 정문 앞에 서 있었다.
－젠장할, 꽉 낀 청바지는 벗기기 힘든데! 그렇다고 방법이 없나? 이래봬도 한때 선수였는데….
청바지 차림이 마음에 걸리긴 했지만 군대 시절 외박 때 터득해 온 기술이 있는 터라 그리 걱정은 되지 않았다.
드디어 우리는 꿈의 세계로 떠났다. 인천 월미도까지 전철로 이동한 우리는 영종도행 철선을 탔다. 그리고 버스로 무의도 선착장을 간 다음, 다시 철선을 타고 무의도에 입성했다.
그동안 우리는 많은 대화를 나눠 이미 친숙해졌다.
솔직히 고백하자면 선물공세를 펼칠 때 처음에는 자재

운송을 미끼로 살며시 건넸지만 차츰 마음이 열리자 다방으로 불러냈고 거기서 마음이 동하면 우리는 극장을 갔었다.
하지만 오늘처럼 먼 거리를 동행한 적이 없어 주기(朱記)를 못했었다. 하지만 그동안 서로의 마음을 읽은 터라 더욱 친숙해질 수밖에 없었던 것이다.
무의도에 도착한 우리는 먼저 선착장 주변을 돌다가 촌스런 횟집 삐끼 아줌마를 따라 바다가 맞바로 보이는 횟집에 들어갔다.
우리는 모둠회를 시키고…. 사랑의 묘약 소주를 청했다.
처음에 미스 고는 술을 할 줄 모른다며 뺐지만 막상 회가 들어오자 옴팍지게 싸 한 입에 밀어넣고 옴지락 걸리더니 목에 걸린 듯 캑캑 거렸다.
그리고 하는 말이 “소주를 마시면 잘 넘어갈까?” 하더니 내가 내민 소주를 덜컹 받아 마셨다.
－원더풀!
나는 금세 늑대의 본성으로 돌아가 박수까지 쳤다.
그러나 순진한 미스 고는 아무것도 모르고 나의 환호성에 줄기차게 마셔 줬다.
－투더풀! 쓰리더풀!!
－어머, 이렇게 마시면 안 되는데!

미스 고는 술잔이 거듭 될수록 약간 내숭을 떨더니 술이 오르자 아예 병째 들어 마셨다.

—브라보!!!

드디어 소망의 순간이 왔다. 미스 고는 입에 초고추장을 묻힌 채 식탁에 머리를 박았다.

그러나 나는 선수답게 서두르지 않고 다그쳤다.

—미스 고! 정신 차려요! 배 시간 다 됐어요! 가자고요!

그러나 그땐 이미 마지막 배가 떠난 뒤였다.

그렇지만 난 쌩쇼를 서슴지 않았다.

—아줌마! 아줌마! 여기 계산이요!

—그래유!

아줌마가 빙그레 웃으며 다가왔다. 그리고 의미심장한 미소를 던지며 말했다.

—목표 달성했슈. 우리 집에 민박도 하는디?

순간 낯이 달아올랐지만 고개를 가로저으며 말했다.

"다른 배라도 알아봐야죠."

그러자 아줌마가 배꼽을 잡으며 말했다.

—다 된 밥에 재를 뿌리시겠다고?

—전 그런 사람이 아닙니다.

하며 애써 헛기침을 했다.

그러자 아줌마가 배를 잡고 웃으며 말했다.

—그런 소리 마유! 나도 여기 놀러왔다가 우리집 인간한테 먹혀 이 모양 이 꼴이니까…. 방은 따셔유. 초가을이긴 해두, 여긴 해떨어지믄 추우니까! 됐쥬!

—그…그러면 그렇게 하던지요.

나는 은근히 꼬랑지를 내리며 미스 고를 들쳐 업고 그녀가 인도하는 방으로 들어갔다.

말이 민박이지, 어구(漁具)가 여기저기 널려 있는 것으로 보아 창고나 다름 없었다.

—마음에 안 들어도 할 수 없어요. 이 시간에 방 구한다는 건 하늘에 별 따기니까.

그리고 그녀는 손을 내밀었다. 나는 하는 수 없이 요금을 지불하고 아무 물찡 모르고 골아떨어진 미스 고를 아랫목에 눕혔다.

술 좀 깨게 시원한 문쪽에 눕힐까도 생각했지만 그렇게 되면 나의 작전에 차질이 올까봐 일부러 따뜻한 곳을 골라 눕혔다. 나의 작전은 주효했다.

한 십분쯤 지나자 미스 고는 눈을 감은 채 윗몸을 일으키더니 상의를 벗어 던졌다. 순간 풍만한 가슴이 브래지어를 밀치고 삐져나온 게 보였다.

—오매! 죽겠는거….

온몸에 전기가 흘렀다. 그렇다고 서두른다면 작전을

그르칠 수도 있어 애써 진정하고 입맛만 다시며 바라만 봤다. 그리고 미스 고가 뒤척일 때마다 깰까 두려워 잠자는 척 연기도 아끼지 않았다. 그러나 미스 고는 여전히 잠에서 헤어나지 못했다.

그래서 미스 고가 다음 각본대로 꽉 낀 바지를 내려주기를 바랬다. 드디어 십분쯤 지났을까 상의에 이어 바지 작크를 풀더니 바지를 내리기 시작했다. 그러나 꽉 낀 청바지는 쉽게 내려가지 않고 골반에 걸렸다.

－뭐… 뭐야. 완전히 허물을 벗어야 하는데….

미스 고는 잠 중에도 몇 번이고 벗기를 시도했지만 아슬아슬하게 꽃팬티만 보일 뿐

더 이상 내려가지 않았다.

그래서 내가 노골적으로 도와줄까 생각했지만 어떤 변수가 일어날지 몰라 나도 몰래 흐르는 침만 삼켰다.

－오메 죽겠는거…. 꿀꺽!

그렇다고 무작정 기다릴 수만 없어 나도 무장해제하고 그녀 옆에 은근히 누워 발끝에 청바지를 낀 다음 힘을 주었다.

－제발 내려가 다오.

이때였다.

—앙큼한 자식! 너 지금 안 벗겨주면 어쩔까 고민하는 거지!
순간 나는 너무도 놀라 해제했던 바지를 얼른 주워 입었다. 그리고 방구석에 쪼그려 앉아 자는 척 실눈을 뜨고 미스 고의 동태를 살폈다.
순간 미스 고는 아무렇지 않는 듯 다음 대사를 했다.
—인석아, 바나나는 벗겨 먹는 맛이야!
그때서야 나는 미스 고가 조카 꿈을 꾸며 잠꼬대한다는 사실을 알았다. 그래서 재빨리 무장해제하고
노골적으로 달겨들어 미스 고의 신체반응을 점검했다.
먼저 손끝으로 옆구리를 살짝 찔러 보았다.
반응을 하지 않았다.
—1차 수면상태 확인!
이번에는 가슴을 살짝 찔러보았다.
여전히 반응하지 않았다.
—2차 수면상태 확인!
이번에는 양 손가락을 집게로 만든 다음 청바지의 양 끝을 잡고 슬며시 내렸다. 여전히 반응하지 않았다.
그런데도 왜 그렇게 가슴이 뛰고 온몸이 떨리는지…
그래도 나의 작전 성공을 위해서 계속해야 했다. 나는 본격적으로 미스 고의 청바지 양쪽을 잡고 힘을 가했다.

－우아!
드디어 청바지는 골반을 벗어나 다리를 향했다. 순간 식은땀이 흘렀다. 그렇다고 중단할 수 없는 일….
가다가 멈추면 아니간만 못하니까….
더욱 힘을 주어 내렸다.
－우아아!
드디어 무릎까지 내렸다. 이제 저기 발목까지 내리고 바지통을 당기면 그만… 신이시여! 제발 도와주소서!
그러나 신은 나의 편이 아니었다.
어디선가 닭이 울었다. 순간 미스 고가 꿈틀거리더니 심장을 조이며 내렸던 바지를 한꺼번에 올려 원상복귀 시켜버렸다.
－아이고, 이 일을 어쩌면 좋아!
그때만큼 닭울음 소리가 원망스러운 적이 없었다.
당장이라도 방문을 차고 뛰쳐나가 닭모가지를 비틀어 버리고 싶었다. 그래도 새벽은 오겠지만….
이제는 별 수 없었다. 그야말로 늑대의 근성을 발휘할 수밖에…. 나는 앞뒤도 안 가리고 미스 고의 청바지를 힘껏 내리고 그녀와 이층을 만들었다.
그리고 어렵사리 마지막 관문을 열고 들어서려는데 그녀가 깜짝 놀라 눈을 번쩍 뜨며 말했다.

– 지금 뭐하시는 거예요!
그러나 나는 멈추지 않고 말했다.
– 사…사랑해…. 미스 고….
하며 더욱 힘차게 껴안았다. 그러자 처음에는 반항하는가 싶더니 그녀의 몸에 내가 들어갔을 땐 더 이상 반응하지 않고 되레 나의 목을 껴안았다.
그리고 하는 말이,
"저두요…."

추억은 꿈이로다!

근데 왜 이리 목이 답답하지.
추억을 더듬다 말고 답답함에 눈을 뜨자 우람한 마누라가 나의 몸을 감싸고 있었다.
나이트가운을 입은 채 나의 머리를 끌어안고 키스를 퍼붓고 있었다. 다른 시추에이션이라면 이런 것을 두고 호박이 넝쿨째 굴러 들어왔다고나 하겠지만 왠지 석연치 않았다. 그렇다고 밀쳐낸다면 아내에게 무슨 소리를 들을 줄 몰라 능숙하게 아내의 껍질을 벗겨내고 사랑의 파라다이스를 향했다.
나도 모르게 사랑이란 단어를 연발하면서… 그리고 격정의 순간이 끝나자 나는 심한 갈증을 느끼고 물을 먹기 위해 부엌으로 갔다.

순간 너즈러진 주위를 보고 놀랐다. 커다란 양푼에 고추장 자국이 선명한 것으로 보아 아내가 굶주림을 이기다 못해 한볼테기 한 듯싶었다.

–그러면 그렇지. 니가 다이너마이트를 해야!

나는 나도 모르게 히죽 웃으며 다시 방으로 들어왔다. 아내는 아기처럼 팔을 베고 쌔근쌔근 잠들어 있었다. 귀여웠다. 사랑스러웠다. 그래서 우리는 천생연분인가 싶다.

이건 아니야

사랑의 격정 때문일까(?) 아침 늦게까지 잠에서 헤어나지 못하고 있는데 아내가 편지가 왔다며 나를 깨웠다. 나는 일어나기 싫어 머리맡에 두고 나가라 한 다음 다시 잠을 청했다. 아내는 적당히 자고 일어나라며 밖으로 나갔다. 그러나 쉽사리 잠이 오지 않았다.
그래서 아내가 가져다 놓은 편지를 살폈다.
–아니! 이거 뭐야?!
순간 잠이 번쩍 깼다. 그건 다름 아닌 지난주에 했던 건강진단의 결과 통보였기 때문이다. 그렇다면 뭔가 이상이(?), 나는 떨리는 가슴을 애써 추스르고 봉투를 개봉했다.
거긴 장기 별로 이상 유무가 정리되어 있었다. 흉부

X－선 검사 정상, 심전도 검사 정상, 복부 초음파 검사, 간, 경증 지방간….

－이거야, 대한민국 남자들 90%가 가지고 있다니 별 문제 없고…. 다음이나 보자.

담낭 정상, 신장 정상, 비장 정상, 췌장 정상….

－그러면 그렇지. 대한민국의 표준이 어디 가겠어.

은근히 자위하며 다음 항목에 넘어갔을 때 나는 온몸이 굳고 말았다. 위장검사, 내시경 : 위축성 위염 －위벽 문제 발견, 재검 요함….

－그렇다면 위에 문제가…. 혹시 암…, 아냐! 아냐! 그럴 리가 없어. 얼마나 소화가 잘 되는데… 근데 뭐야? 위벽에 문제 발견이라니? 그렇다면 우리 아버지처럼?!

순간 맥이 풀렸다. 언젠가 의사로부터 암은 가족력이 치명적 역할을 한다는 말이 자꾸만 귓전에 맴돌았기 때문이다. 그렇다면 나의 끝은 어디멜까?

어느 날 갑자기 한밤중에….

아내가 코를 골며 자고 있을 때… 아냐! 아냐!

그래선 안 돼! 지금이라도 회자정리를 해야지.

아냐, 아냐! 너무 성급한지도 몰라…. 재검을 받고 그 뒤에 생각해도 늦지 않을 거야. 그래, 너무 성급하게 굴면 가족들에게 피해를 줄 수 있어.

가족이 무슨 죄라고… 그래 최소한 침착성을 유지해 가족에게 아픔을 주지 말아야 돼.
나는 나도 모르게 흐르는 눈물을 지우고 몇 번이고 심호흡을 한 다음 외출 준비를 서둘렀다.
거실로 나오자 아내는 개그프로 재방송을 보며 낄낄거렸다. 순간 서운한 생각이 들었다. 난 지금 재검을 받으면 죽을지 살지 모르는데 지는 뭐가 좋다고 간드러져! 그래 많이 웃고, 잘 먹고 잘 살아라…. 그리고 다이너마이트 성공해서 시집 한번 더 가거라!
—어유! 귀여운 자식! 쌩쇼를 해라! 해!
무슨 내용인지 몰라도 아내는 화면을 가리키며 낄낄낄 연달아 웃었다.
나는 애써 침착성을 유지하며 현관으로 향했다.
—어디가?
아내가 고개를 돌려 나를 보며 물었다.
—응, 몸도 뻐듯하고 해서 사우나에 갔다가 바로 출근하려고….
—아침도 점심도 안 먹고? 자기 좋아하는 조기 매운탕 끓여 놨는데?
—됐어. 점심 때 김 과장님과 같이 식사하기로 했어.
—그래, 그럼 그렇게 해….

하며 다시 개그 프로를 보며 깔깔거렸다.
—그래 허벌나게 즐겨라…. 사람 그러는 게 아니다…
밥통에 이상이 생겨 죽을지 모르는 인간한테 매운탕을
먹이려고 하지 않나, 간다고 하면 현관까지는 나와
봐야지…. 지금 뭐하는 짓거리야. 그래, 나 가면 시집
한번 더 가겠다는 거지….
나는 복받치는 눈물을 참을 수 없어 현관을 뛰쳐나와
근처 전봇대를 부여잡고 엉엉 울었다.
이때였다.
근처를 순찰하던 경비가 쳐다보며 은근히 말했다.
—사장님! 점잖으신 분이 아무데나 실례하시려면 안
되죠.
—뭐요?!
그러나 경비는 아랑곳없이,
—이거 다 주민의 건강을 위해섭니다.
그래도 정 보시겠다면 다리 하나를 들고 세 번만 멍멍멍
짖으세요. 그럼, 눈감아 드릴 테니까!
하며 이죽이죽 웃었다.
—이것 보세요! 저 그런 거 아니거든요?
나는 너무도 억울해 소리쳤다.
그러자 경비는 느글느글 웃으며,

－그럼, 쌍팔년도 영화 찍으세요. 마누라한테
찜빠(구사리, 꾸중) 먹고 눈물이 북받쳐….
하며 거들먹거렸다.
－됐어요!
나는 더 이상 대꾸할 가치를 못 느끼고 사우나로
향했다.
－좋은 하루 되십시오.
경비는 농이 너무 지나쳤다는 듯이 나의 뒤통수에 대고
소리쳤지만 상관치 않고 사우나를 찾았다.
사우나 안은 평일인데도 불구하고 우람한 심벌을
자랑하는 사내들이 물 세례를 즐기고 있었다.
나는 구석 쪽에 빈 샤워 꼭지를 발견하고 다가가
왼손으로 벽을 지지한 다음 물을 맞았다.
－초라한 나의 육체여! 주인 잘못 만나 고생이
많았구나. 하지만 이제 흙으로 돌아갈 날이
머지않았으니 그동안이라도 우리 사랑하자구나….
나는 거울 속에 비치는 나의 육체 보고 한마디하고 정성
들여 씻은 다음 탈의실로 나왔다. 뭐가 그렇게 흥겨운지
철없는 사내들은 전라(全裸)로 돌아다녔다.
나는 애써 그들의 눈을 피해 옷을 입었다.
순간 설움이 복받쳤다.

—나 이제 가면 나를 감싸줄 이 껍데기들은 어떻게 될까? 불살라져 한 줌의 재가 되겠지. 주인을 잘못만나 천수를 누리지 못하고 화형의 비극을 맛보겠지….

하지만 이게 모두 운명인 걸 어찌 하누….

나는 애써 눈물을 삼키고 옷을 입은 다음 밖으로 나왔다.

밖은 여전히 속 모른 아니 매정한 태양이 그렇게 빛나고 있었다. 나는 곧장 건강진단 센터로 향했다.

우편물을 내밀자 안내양은 맑은 미소를 보이며 나를 전문의한테 인도했다. 전문의는 나이가 든 대머리로 연륜이 있어보였다.

그는 나를 보자마자 심각한 표정을 지으며 말했다.

—지난 주 위내시경 때 의심되는 부위가 보여 조직을 떼 검사 해봤는데 그…그게….

—암세포였다는 겁니까?

나는 눈물을 글썽이며 말했다. 대머리 의사는 애써 밝은 미소를 지으며 말했다.

—아직 그렇게 판단하기는 이릅니다. 정밀검사를 의뢰해 놨으니까 좀더 지켜보자고요.

그리고 그는 3일 후에 보자고 했다. 그러나 그 말은 그날 최후 판결하겠다는 소리로 들려 나는 일어서는 의사의 바지자락을 붙들고 애원했다.
—선생님 저 좀 살려주십시오!
—진정하세요. 정밀검사를 의뢰하긴 했지만 별일 없을 겁니다.
의사는 별일 아니라는 듯이 바지를 추겨 올렸다.
—그게 아니죠! 솔직히 말씀해 주세요? 저도 마음의 정리를 해야 할게 아닙니까.
나는 나의 손을 애써 뿌리치고 출입문으로 향하는 의사의 바지자락을 붙들고 애원했다. 순간 의사는 자꾸만 내려가는 바지를 붙들고 말했다.
—글쎄 별거 아니라니까요!
하며 나의 손을 애써 떼어내고 진료실 문을 열었다.
그러나 나는 아랑곳없이 바지자락을 붙들고 애원했다.
—선생님, 제발 회자정리를 할 수 있게 선처를 부탁드립니다.
순간 의사의 바지가 내려가고 말았다.
생김새와 어울리지 않게 빨간 삼각팬티를 입고 있었다.
의사는 당황해 어쩔 줄 모르며 바지를 추겨 올렸다.
그러나 나는 기를 쓰고 사정하며 바지자락을 놓지 않았다.
이때였다. 들어서던 간호사가 비명을 질렀다.

―어머머! 선생님!

하며 두 손으로 얼굴은 가렸다. 하지만 손가락은 나이든 의사의 뭘 볼 것이 있다고 사이를 벌리고 있었다.

―아이고고…. 이럴 줄 알았으면 점심 때 조금 먹고, 혁대를 풀지 말 것을…. 아이고… 이것 보세요! 이거 안 놓으세요. 그럼, 저 앞으로 협조 못합니다.

순간 나는 재빨리 손을 놓았다. 그러자 의사는 재빨리 바지를 올린 다음 넓은 이마에 맺힌 땀을 닦았다.

그리고 도망치듯 진료실을 빠져나갔다. 나는 멀어지는 의사를 향해 목메어 소리쳤다.

―서언생님…. 제에발….

그러자 간호사가 말했다.

―가셨거든요.

그때서야 바닥에서 일어나 아무렇지 않다는 표정을 지으며 서둘러 병원을 빠져 나왔다. 하늘이 노랬다.

어지러움마저 있었다. 도저히 걷을 힘이 없어 병원 벽에 기대 하늘을 쳐다봤다.

하늘은 파란 물감을 풀어놓은 듯 해맑아 금방이라도 나를 빨아들여 빠뜨릴 것만 같았다. 만사가 귀찮았다.

의욕이 사라졌다.

그래서 나는 회사 담당 과장한테 전화를 걸어 몸이 아파 오늘은 쉬겠다고 통보한 뒤 근처에 있는 재래시장으로 파고들었다. 시장은 저녁준비에 맞춰 한창 분주했다. 나는 되도록 인파가 적은 곳에 파고들어 술을 청했다. 한 잔 또 한 잔…. 적당히 마시고 갈까도 생각했지만 취하는 것은 마찬가지라 싶어 우울한 마음이 가라앉을 때까지 마셨다.

그러나 마음은 좀처럼 가라앉지 않고 점점 잠겨만 갔다. 게다가 아무리 마셔도 술이 취하지 않았다. 생과 사의 갈림길에 놓였다는 생각 때문일까(?) 자꾸만 눈물만 났다. 도대체 내가 뭘 잘못했는데? 남에게 피해 주지 않고 착하게만 살아왔는데 그것도 죄란 말인가(?)

하느님! 정말 그런가요? 흐느끼며 하늘을 쳐다봤다. 그러나 하늘은 상관없다는 듯이 그렇게 졸고 있었다. 나는 길거리의 가로등이 하나씩 눈을 밝힐 때서야 집으로 방향을 잡았다.

그러나 집에 들어가 아내를 똑바로 볼 엄두가 나지 않아 동네를 몇 바퀴 더 돌았다. 그리고 술기운이 올라서야 겨우 집에 들어갔다. 아내는 피곤한지 소파에 누워 새우잠을 자고 있었다. 나는 안방에서 담요를 꺼내 와 덮어주고 소리죽여 울었다.

－가엾은 사람. 어쩌다 나 같은 인간을 만나가지고…

과부 팔자 자청한 건가? 재복이 없으면 명줄이나 긴 놈을 잡아야지…. 끝까지 가지도 못할 놈 잡았는가? 내 당신 만났을 때 가난하더라도 당신을 위하면서 벽에 똥칠할 때까지 살려고 했는데….
이렇게 가버리게 생겼으니 어쩌면 좋아….
이제 형편이 조금 펴면 내 당신 손잡고 가까운 곳이라도 여행을 다녀올까 했는데…. 무슨 눔의 팔자가 이리도 사나워 혼자 떠나게 되었는지…. 내 그날이 되어도 눈을 감지 못하겠네. 어째서 그런지 안가? 당신이 내가 되어 버렸어. 당신이 날 송두리째 차지해 버렸어.
털어버리려고 해도 털어지지가 않아….
이쪽을 털어내면 저쪽에 붙어 있고, 저쪽을 털어내면 이쪽에 붙어 있고…. 이거야 원 온통 당신 체취뿐이니, 더러워서 못 죽겠네… 이 찰거머리 같은 사람아….
어쩌면 이리도 철저하게 나를 묶어버렸는가? 그렇다고 한날 한시에 죽는 것도 아닌데… 이럴 줄 알았으면 사랑이나 하지 말걸…. 그렇다면 이렇게 고민하지 않을 것을…. 만남이 원수로다. 사랑이 원수로다!
나는 나도 모르게 아내 품에 안겨 울음을 터뜨리고 말았다. 아내가 놀라 눈을 번쩍 뜨며 소리쳤다.
―누구여! 도둑이여 강도여! 아니면 치한이여!

－나여! 지지리도 복 없는 당신 서방이여!
－어유! 술 냄새! 당신 술 마셨구나!
아내는 콧등에 손사래를 하며 말했다.
－그래. 내 자신이 너무도 초라해서 한잔했어.
나는 재빨리 고개를 돌려 눈물을 지우고 말했다.
－초라하다니? 나 잠든 사이에 마누라 죽는 연속극보고 슬퍼서 통곡한 것이여?
그러니까 있을 때 잘하라는 것이여….
아내가 옷매무새를 고치며 말했다. 나는 말꼬투리 잡히기 싫어 아내의 말에 수긍하며 일어났다.
－그래. 그럼, 나 먼저 씻고 잘게….
하며 웃옷을 벗어 소파에 걸치고 욕실로 향했다.
순간 메시지 착신 음이 들렸다. 그러나 나는 아랑곳없이 욕실로 들어갔다. 욕실에 들어선 나는 드라마처럼 옷 입고 샤워하는 흉내를 내볼까 하다가 아내에게 빨랫감만 늘여줄 뿐이라는 생각에 관두고 옷을 벗었다.
그리고 샤워기를 머리에 대고 물을 세차게 틀었다.
1분, 2분, 3분…. 정신이 번쩍 들었다. 나는 수건으로 머리에 물기를 제거하고 밖으로 나왔다.
－머릿속이 복잡하나보지? 안하던 짓을 다하고?
무슨 일인지 몰라도 아내가 시비조로 말했다.

나는 묵묵히 아내의 동태를 살폈다.

—이거 너무한 거 아냐?

아내가 내 핸드폰을 내밀며 말했다. 나는 또 무슨 일이냐 싶어 심드렁하게 물었다.

—왜 또?!

—야비한 인간! 나한테는 스팸이라 구라치고 쪼르르 기어나가 그녈 만나 한잔 걸쳤구먼.

하며 아내는 질투로 이글거리는 눈으로 나를 째려봤다.

—도대체 뭔데 그래. 이리 줘봐!

—궁금한가 보지? 그렇다면 읽어주지. 오빠, 잘 들어갔어. 오빠의 테크닉은 색다른 느낌이었어. 또 불러줘?

—뭐야!

나는 너무도 어이없는 스팸메일에 기가 막혀 소리쳤다. 그러나 아내는 아랑곳없이 빈정거렸다.

—어떤 테크닉인데 그래? 회사일 빙자해 밤마다 남몰래 음란 사이트 섭렵하더니 고안한 것인가?

—아냐! 그런 게 아니라니까! 이리 줘봐 확인해 줄게!

—됐어! 오늘 부로 핸드폰 압수야.

—그럼, 회사 업무 연락은 어떻게 하고!

—그건 걱정 마! 새거 한 대 뽑아줄 테니까…

야비한 인간….

하며 담요를 팽개치고 동철이 방으로 들어가 버렸다.

－도…동철이 엄마, 그건 오해야! 그건 틀림없는 스팸메일이라고!

순간 언제까지나 열릴 것 같지 않던 방문이 활짝 열리며 아내가 쏘아 붙였다.

－날 더 이상 핫바지로 보지 마!

그리고 다시 신경질적으로 문을 닫아 버렸다. 나는 한두어 마디 덧붙였지만 씨알이 먹히지 않아 안방으로 들어와 버렸다. 피로가 쏟아졌다. 잠이 쏟아졌다.

아내가 열 받았는데도 나의 눈은 자꾸만 잠겼다.

나는 잠자리에 그대로 쓸어져 잠이 들었다.

다음날 눈을 떴을 때는 정오가 가까운 무렵이었다. 속이 쓰렸다. 나는 습관처럼 주방으로 갔다.

어김없이 있었다. 아내는 술이 취해 오는 날이면 밤새 인간 타령은 했지만 아침이면 어김없이 북어국을 끓여 놨다.

－귀여운 사람.

난 걸쭉하게 한 그릇 퍼 밥을 말아 먹고 아내를 불렀다.

－짜야! 짜야!

그러나 어디에도 아내는 없었다.

–그렇다면, 이 사람이….

순간적으로 안방으로 들어와 장롱 문을 열었다. 그대로 있었다. 언제고 불화가 일었다 하면 쌌다 풀었다를 반복하던 가방이 그대로 있었다.

–휴우, 그렇다면 이 사람이 어디 갔지?

평소에는 그 사람이 있든 말든 신경 쓰이지 않던 것이 왜 이렇게 신경이 쓰이는지? 초조하기까지 했다.

나는 후닥닥 밖으로 뛰쳐나와 주위를 어슬렁거렸다.

얼마나 지났을까? 아내가 우람한 엉덩이를 좌우로 흔들며 다가왔다. 순간 나는 눈물이 핑 돌았다.

나는 나도 모르게 목이 메어 불렀다.

–짜~ 야~, 보고 싶었어!

–어머머! 쌩쇼 한번 리얼하게 하고만! 그렇다고 내가 그냥 넘어갈 줄 알아! 이젠 어림없어! 이거나 받아!

하며 난생 처음 보는 휴대폰을 내게 내밀었다.

–이게 뭐야?

나는 너무도 기가 막혀 물었다.

–뭐긴 뭐야? 그년과 교신을 마무리짓는 새 핸드폰이지.

그러나 받지 않았다. 너무도 기가 차서다.

이때였다. 새 핸드폰에서 문자 메시지 착신 음이 들렸다.

-이…이게 뭐야!
아내는 놀라는 표정을 지으며 내게 내밀던 핸드폰을 살폈다. 그리고 기가 차는지 소리쳤다.
-뭐야?! 오빠 나 지금 한가해! 찰거머리가 따로 없구먼!
순간, 나는 어이없어 웃으며 말했다.
-어때, 이제 악성 스팸메일의 위력을 알겠어.
하며 은근히 빈정거렸다.
그러자 아내가 한숨을 내쉬며,
"그럼 이걸 어떻게 하지? 다시 물릴 수도 없고?"
-됐어. 고마워. 덕분에 새 핸드폰으로 교체했구먼….
말은 막상 이렇게 했지만 마음은 좀처럼 가볍지 않았다. 내가 가게 되면 이건 다 무용지물일 테니까.
-그래 그럼. 그런 셈 치자고….
하며 아내는 핸드폰을 건넸다 받으며 물었다.
-전화번호가 뭐야?
-010이야. 하지만 전화번호 첫 자만 8로 바뀌고 모두 같아…. 그리고 옛날 번호를 계속해서 고지해 주기로 했으니까 별일 없을 거야.
하며 그녀는 괜히 생돈 썼다는 듯이 투덜거리며 집으로 향했다.
이때였다. 아내의 말을 증명이라도 하듯이 전화벨이

울렸다.
—여보세요! 오진우입니다. 뭐라고요? 건강진단 센터데? 사진 분류 담당자의 실수로 사진이 바뀌어 오진이 나갔으니 안심하라고요!…
고맙습니다! 대단히 고맙습니다!
나는 전화에 대고 몇 번이고 인사를 한 다음 전화를 끊고 아내를 불렀다!
—짜야! 짜야!
순간, 아내가 뭔 일이냐는 듯 쳐다봤다. 나는 우르르 달려들어 아내를 얼싸안고 뱅뱅 돌았다.
아내가 캑캑거리며 말했다.
—왜 그래, 벌건 대낮에 삼류영화라도 찍자는 거야?
아내는 별일이라는 듯이 소리를 높였다.
—그게 아니라 나 살았어!
나는 여전히 감격에 찬 소리로 말했다.
—뭐야 그럼, 회사에서 정리해고 대상이었던 거야?
아내는 뜻밖이라는 듯이 물었다.
—아냐…. 그런 게 있어.
하며 아내의 얼굴에 뽀뽀를 해댔다.
아내는 싫지 않은 표정을 지으며 말했다.
—정말 이거 왜 그래!

하지만 그녀의 얼굴에도 안도의 미소가 감돌았다.
어쩌다 세상이 이 모양이 되었는지… 자라보고 놀란
가슴 솥뚜껑 보고 놀라는 형상인지…. 제발이지, 이제는
정말 알콩달콩한 모든 이의 사랑을 위하여 평화의
나날이 되었으면 싶다.

사랑합니다!
또 사랑합니다!
무지 무지 사랑합니다!
저 태양열에 바위가 녹아 없어진대도 난 당신만을
사랑합니다!
저 태양열에 바닷물이 말라 없어진대도 난 당신만을
사랑합니다!
그리하야! 우리에게 쥐뿔도 없지만 사랑이 있어
행복합니다!
우리 모두 모두 파이팅!

내숭에 대한 언저리 콩트 3탄

만 남

혼기가 꽉찬 남자와 여자가 고급호텔 레스토랑에서 만났다. 중매쟁이는 두 사람의 자리만 만들어 주고 슬그머니 빠졌다.

-그럼 얘기들 해.

그러나 두 사람은 서로를 탐색할 뿐

좀처럼 입을 열지 않는다.

그건, 첫번째 구라가 생각나지 않기 때문이다.

시간이 흐를수록 두 사람은 전전긍긍하다가 마침내 기싸움에서 진 사람이 먼저 입을 연다.

그게 보통 남자다.

-저-기!

순간, 여자는 기다렸다는 듯이 입에 고인 침을 삼키고 쳐다본다.

－네－에?

그러면 남자는 보통 이렇게 말을 건다.

－평소에 말씀이 없으신가 보죠?

순간 여자는 기다렸다는 듯이,

－네….

그리고 거기에 덧붙여,

－그래선지 남들이 저더러 요즘 아가씨 같지 않다고 그래요.

하며 손을 꼰다.

드디어 첫번째 구라가 터진 것이다. 그러나 남자는 개의치 않고 수긍하는 멘트를 날린다.

－어쩐지 정숙하시더라니?

그리고 은근히,

－저 역시 주위로부터 묵직하다는 소리를 많이 듣습니다.

라며 드디어 맞구라로 맞선다.

장을 치니 멍이라는 거다.

그러나 그 구라는 오래가지 못한다.

웨이터가 주문을 받으러 다가와 물컵을 자신도 모르게

세게 놓는 바람에 두 사람에게 물이 튀겼다.
순간 두 사람은 이구동성으로 소리친다.
—시팔! 뭐야!
웨이터는 너무 당황해 어쩔 줄 모른다.
그러나 두 사람은 안면 까고 어색하게 웃는다.
그리고 하는 말이,
—나가시죠? 식사나 하게.
—네!
동지를 만났다는 듯이 씩씩하게나간다.

식 사

밖으로 나오니 삼복더위가 기승을 부린다.
남자가 이마의 땀을 닦으며 여자에게 묻는다.
—뭘 좋아하세요?
그러면 여자는 순간적으로 머리를 굴려 다음과 같이 말한다.
—한식이요! 전 민속의 고유 맛을 즐기는 편이라서…."
그러면 남자도 기다렸다는 듯이,
"그래요! 저도 한식 애호가입니다. 아참 오늘이 마침 중복인데 삼계탕 어때요?"
하며 은근히 입맛을 다신다. 그건 구라에 복선을 깔고

있기 때문이다. 속마음은 삼계탕 하는 집이면 보신탕도 하니까 한 그릇 먹겠다는 거다.
그러면 여자도 은근히 동조의 복선을 깔며 내숭을 떤다.
－원기를 북돋아주기는 하지만 꼬꼬가 불쌍해요….
그러면 남자는,
－그러긴 하지만 꼬꼬는 인간에게 도움이 된다는 것에 자부심과 보람을 느낄 거에요.
하며 살며시 부추긴다.
그러면 여자는 기다렸다는 듯이,
－그래요. 그렇다면 그 보답으로 열심히 먹어 줘야죠.
하며 못이긴 척 엉덩이를 흔들며 뒤따른다.
－어유^^
식당에 들어와 자리를 잡은 남과 여.
남자와 여자는 선뜻 음식을 주문하지 못한다.
삼계탕보다는 보신탕이 더 땡기기 때문이다. 그렇다고 먼저 말을 꺼낼 처지가 못 된다.
이때는 보통 여자가 참지 못하고 말문을 연다.
－영양탕이 뭐예요?
그러면 남자는 은근히 말한다.
－여자들 피부미용에 좋은 영양식이래요.
그러면 여자는 기다렸다는 듯이 소리친다.

–그래요. 그럼 저 그것 먹을래요.

남자도 의뭉스럽게 "저도 그것으로 하죠." 그리고 가차 없이 카운터를 향해 소리친다.

–아줌마! 여기 영양탕으로 두 그릇 주세요?

순간, 여자가 덧붙인다.

–껍데기 많이 넣어주세요?!

남자가 놀라 쳐다본다.

여자는 또 다시 구라를 푼다.

–애들이 쫄깃쫄깃하다고 해서….

그리고 곧바로,

–개소주는 뭐예요? 개가 먹는 소주를 말하는 거예요?

순간 남자는 웃고 만다. 그러면 여자도 따라 웃는다.

영 화

보신탕 그릇 바닥까지 싹싹 핥고 밖으로 나온 남과 여. 대단한 갈비라도 뜯은 양 이쑤시개 질을 하며 걷는다.

이제 또다른 소일거리를 찾아야 한다.

솔직히 말해서 다음 코스가 뭔지 모르는 바는 아니지만 그래도 내숭의 합의점을 찾아보자는 의도다.

이때는 보통 남자가 말을 한다.

–영화나 한 편 때릴까요?

그러면 여자는 보통 이런다.
–집에 빨리 들어가봐야 하는데…. 부모님이 워낙 엄해놔서… 게다가 세상도 험하고….
하며 은근히 걱정하는 쇼를 한다.
그러면 남자는 목소리를 깔며,
–그건 걱정 마세요. 제가 안전하게 집에 모셔다 드릴게요. 제가 이래봬도 해병대 출신입니다.
하며 자동으로 허리춤에 양손을 얹고 보란 듯이 몸을 좌우로 흔들며 "헤이 빠빠!"를 외친다.
하지만 이런 인간들 역추적해 보면 대개가 방위출신이거나 공익이다.
그래도 여자는 모르는 세계라 좋아라 하며,
–그러면 보러가요.
하며 팔을 끈다. 그렇다고 이것으로 영화 건이 끝난 건 아니다. 이제는 어떤 영화를 보느냐(?)가 문제다.
코미디 영화를 보느냐? 아니면 에로가 섞인 애정영화를 보느냐? 아니면 간담을 서늘하게 하는 공포영화를 보느냐다.
이때면 보통 여자가 말문을 연다.
–난 시시컬렁한 사랑타령 영화는 싫더라….
그러면 남자가 은근히 묻는다.

–왜요?

그러면 여자가,

–영화에는 신경 쓰지 않고 이상한 짓들을 해서요? 하며 입을 삐쭉 내민다. 이 또한 구라다.

그동안 상대가 없었던 서러움을 감추려는 것이니까.

이때면 남자는 살며시 박자를 맞춘다.

–맞아요. 저도 눈꼴사납더군요. 그래서 말인데 날씨도 덥고 하니 간담을 서늘하게 하는 공포영화 어때요?

그러면 여자는 또다시 목소리를 늘이며,

–무…무서운데….

하며 내숭을 떤다. 남자는 기다렸다는 듯이,

–그건 걱정 마세요. 제가 있으니까요!

하며 절벽인 가슴을 애써 솟아오르게 한다.

여자는 이런 남자를 보며,

–그럼, 그래요!

하며 어느 결에 팔짱을 끼고 극장으로 잡아끈다.

극장–, 나란히 앉은 남과 여.

드디어 영화가 펼쳐진다.

여자는 기다렸다는 듯이 비명을 지르며 남자의 품에 안긴다. 남자는 횡재라도 한 듯이 즐거워한다.

여자도 덩달아 좋아하며 그동안 억눌렸던 애정결핍을

보상이라도 받겠다는 듯이 시도 때도 없이 남자의 품에 머리를 들이민다.
그러나 여기서 오버는 엄청난 쪽팔림을 낳는다. 보다 못한 옆 사람이 소리친다.
―시팔! 귀신에 걸신들린 거야 뭐야! 놀라운 대목도 아닌데 지랄 염병을 하는구먼!
그러면 남자는 묵묵히 여자의 손을 끌고 밖으로 나온다.
그리고 주위를 두리번거린다.
가슴팍에 붙일 파스를 살 약국이 어디에 있는가? 살피기 위해….
어휴! 어휴!^^
(F. O)
(F. I)

아내에 대한 정의

• 아내는? 라면이다!

– 시간이 흐를수록 불어 터지니까….

• 아내는? 고장난 자명종이다!

– 시도 때도 없이 떠드니까….

• 아내는 흠집난 레코드판이다!

– 한 말 하고 또 하고 되풀이하니까….

• 아내는? 떡볶이다!

– 군침이 돌지만 매우니까….

• 아내는? 방귀다!

– 은근히 구리니까….

• 아내란? 고장난 라디오다!

－잡음이 많으니까….

• 아내란? 압력밥솥이다!

－열을 가할수록 소리가 크니까….

• 아내란? 개코다!

－꼭꼭 숨겨둔 비상금을 기막히게 잘 찾아내니까….

• 아내란? 알박기다!

－터무니없이 요구하니까….

여자의 정의

• 여자란? 밀가루 반죽이다!

– 요리하기에 달렸으니까….

• 여자의 수다는? 독감이다!

– 전염성이 심하니까….

• 여자의 눈물은? 차압증서다!

– 무언가를 요구하니까….

• 여자의 저주는? 양파다!

– 까면 깔수록 독하고 매우니까….

• 여자란? 국회의원이다!

– 결혼했다 하면 돌변하니까….

다리 부러진 제비

여고 동창 계모임에 나간 아내가 밤이 깊도록 돌아오지 않아 걱정하고 있는데 친구한테서 전화가 왔다.

그는 다짜고짜 술 취한 목소리로 이렇게 말했다.

—나 이런 말하지 않으려 했는데 친구를 아끼는 의미에서 고자질하니까 잘 들어 인마!

—뭔데?!

나는 친구녀석의 밑도 끝도 없는 말에 소리쳤다.

—짜샤! 큰소리칠 처지가 아냐! 지금 집에 제수씨! 없지?!

—그래! 근데 그건 왜?

—짜식! 소식이 깡통이구만! 인마 잔소리 말고 지금 빨리 사거리에 있는 강남캬바레 가봐! 니 마누라

제비한테 손이 잡혀 신나게 돌고 있으니까!
–뭐야! 내 이걸 그냥!
나는 너무도 흥분해 전화를 일방적으로 끊고 집에서 그리 멀지 않은 강남캬바레를 찾았다.
카바레 안은 골빈 남녀가 열심히 돌고 있었다.
나는 다른 것들은 일단 무시하고 마누라를 찾았다.
–아니! 저 화상은?!
순간 나는 아내를 발견하고 기가 막혀 소리치고 말았다.
그건 한 제비의 리드에 따라 어설프게 돌고 있는 것도 있는 거지만 리드 제비라는 게 다리에 깁스를 했기 때문이었다.
솔직히 웃음마저 나왔다.
춤에 문외한인 아내가 절룩거리며 리드하는 제비의 깁스한 다리를 밟을 때마다 괴로운 표정을 지었기 때문이었다.
나는 더 이상 볼 수 없어 다가가 다짜고짜 제비에게서 아내의 손을 빼앗아 끌었다.
아내가 놀라 쳐다봤다.
–다…당신이! 여기 어떻게?!
나는 두말하지 않고 아내를 끌고 출입문으로 향했다.
놀란 제비가 아내의 뒤통수에 대고 소리쳤다.

-사모님! 사모님! 아직 투스텝이 남았는데요!

-놀고 있네!

정신없이 아내를 밖으로 끌고 나온 나는 애써 웃음을 참으며 말했다.

-겨우 파트너를 구한 게 다리 부러진 제비냐?

그러자 아내가 속없이 빙그레 웃으며 말했다.

-누가 알아, 돈표 박씨 물어다 주련지?

-뭐야! 대단하십니다! 친애하는 고 여사님! 푸하하!

나는 그만 소리쳐 웃고 말았다.

연포탕이 좋아!

고등학교 선배인 회사 손 과장 형이 부부동반 식사를 제의했을 때 끝까지 거절 못한 게 잘못이었다.
한사코 거부하는 데도 형은
그동안 같은 직장에 근무하면서도 신경을 쓰지 못해 미안하다며 줄기차게 요구했다.
그러나 나는 마누라의 주착을 뼈저리게 느끼고 있는 터라 온갖 구실을 댔다.
하지만 속도 모른 형은 고집을 꺾지 않았다. 더 이상 거절할 수 없었다.
그건 형이 인사과에 근무하는 관계로 이번 승진에
걸림돌이 될지 모른다는 생각에 어쩔 수 없이 승낙을 했는데…

이게 엄청난 데미지를 낳은 것이다.
정말이지 진짜로 아내를 불러내기 싫었지만 퇴근시간에 맞춰 스탠바이를 시켜야겠기에 전화를 했다.
아내가 받았다.
나는 다짜고짜 말했다.
－난데, 퇴근 시간에 맞춰 회사 커피숍으로 나와….
그러자 아내는 웬일이라는 듯이,
－오늘이 무슨 날인데? 안하던 짓을 하고 그래?
라며 내일은 해가 서쪽에서 뜨겠다는 투로 빈정거렸다.
그래서 "싫으면 관둬!" 라고 소리치며 끊고 싶었지만 형의 간절한 부탁도 있는 터라 마지못해 말했다.
－인사과에 근무하는 고등학교 선배 손 과장 형이 부부동반으로 식사하재.
－그래? 그럼, 이번 인사 이동에 승진 귀띔이라도 해주겠다는 거야?
아내는 특유의 넘겨짚기 수법으로 말했다.
－몰라! 아무튼 요란스럽게 하지 말고 나와!
그럼, 그때 봐….
하고 일방적으로 끊어 버렸다.
그건 계속 쏟아질 수다를 차단하기 위해서다.
순간 핸드폰이 울렸다. 아내한테서 온 것이었다.

그건 사람 말이 아직 끝나지 않았는데 왜 끊느냐며
항의하자는 의도라 생각돼 받지 않고 업무
마무리에 열중했다.
이윽고 퇴근 시간. 나는 회사 커피숍으로 갔다.
손 과장 형은 미리 내려와 있었다.
잠시 후 말쑥한 형수님이 들어왔다.
우리는 정중하게 인사를 나누고 우리 집 인물을
기다렸다. 그러나 마누라는 좀처럼 미닫이문을 열고
들어서지 않았다.
−이게 지금 뭐하는 거야. 윗사람이 기다리고 있는데!
이때였다. 호랑이도 제 말하면 온다더니 인물이
들어섰다.
순간 나는 너무도 기막힌 몰골에 입을 쩍 벌리고
말았다. 머리는 복고풍의 고대(머리를 말아 올림)에
아직도 여름 기운이 살아 있는데 반팔에 털 마고자를
걸치고 들어서고 있는 게 아닌가.
정말이지 외면하고 싶었다.
그래서 나도 모르게 고개를 돌리는데, 언제 나를 봤는지
쪼르르 달려오며 소리쳤다.
−여보 내가 좀 늦었지?
그렇다고 화를 낼 수 없어,

—그래도 시간은 지켜야지!

하며 망설이다가 과장 형과 형수에게 아내를 소개했다.

—제 집사람입니다.

그러자 아내가 미스코리아처럼 웃으며 말했다.

—안녕하십니까? 오진우 님의 집사람 고중잡니다!

하며 서양식 인사를 했다.

—아이고 인물 또 시작이구먼.

나는 머리를 쥐어뜯으며 천정을 올려다봤다.

그러나 형 부부는 다정하게 인사를 주고받았다.

인사가 끝나자 커피를 시켰다.

웨이터가 다가와 주문을 받았다.

형이 아내를 보고 물었다.

—제수씨는 뭐로?

그러자 아내가 혀를 굴리며 말했다.

—메리칸 스타일로 주세요?

—네에?

웨이터가 '아'자 빠진 아메리칸을 알아듣지 못하고 되물었다.

순간 나는 닭똥집의 추억이 생각나 재빨리,

—아네! 아메리칸 스타일로 달랩니다.

그제야 웨이터는 고개를 끄덕이고 돌아갔다.

잠시 후 커피가 나왔다.
그러자 아내는 걸신들린 사람처럼 커피 잔을 움켜쥐더니 각설탕을 두 개씩이나 넣고 저은 다음 후루룩 마셨다.
그리고 뜨거운지 혀를 날름거렸다.
–아이고 웬수!
나는 또다시 천정을 올려다보며 머리를 긁적거렸다.
그러나 형 부부는 아무렇지 않다는 표정을 지었다.
하지만 입가에 미소가 묻어 있었다.
커피를 마신 뒤 형이 아내에게 물었다.
–식사는 뭐로 하죠?
그러자 아내가 일방적으로 말했다.
–저는 한식이 좋아요.
–아네, 그러십니까? 그럼, 한식으로 하죠?
형은 부드럽게 미소를 지으며 말했다. 나는 너무도 미안해 형수님께 물었다.
–형수님은?
–저도 한식이 좋아요. 특히 탕 종류를….
하며 수줍은 미소를 지었다.
그러자 아내는 당돌하게 받았다.
–저두요. 그럼, 우리 해물탕 먹으로 가요!

그리고 말을 마치자마자 카운터로 쪼르르 가서 계산을 했다. 형이 무안한 표정을 지으며 말했다.

—오늘은 제가 초청했으니까 풀코스로 모시려고 했는데….

—아닙니다. 저희 그렇게 공짜 좋아하지 않습니다.

하며 형의 머리를 쳐다봤다.

대머리인 형은 무안한지 머리를 쓸어 올렸다.

그러자 두어 가닥으로 가린 소갈머리가 리얼하게 드러났다.

순간 형이 당황한 표정을 짓더니 다시 머리카락 몇 올을 잡아 이내 덮고 앞장서 문을 나섰다.

—아이고, 웬수!

그러나 아내는 천진하게 웃으며 "나 잘했지?"라고 물었다.

하지만 나는 아무 대답도 하지 않고 밖으로 나갔다.

밖으로 나온 우리는 근처에서 가장 유명하다는 해물탕 집으로 들어갔다.

자리에 앉자마자 종업원이 메뉴판을 내밀며 물었다.

—뭐로 드릴까요?

그러자 아내가 헌 바지에 거시기 불거지듯이 나서며 말했다.

–연포탕 중자로 주세요!
순간, 선배 형이 무안한 듯 머리를 매만졌다. 그러나 아내는 뭐가 그렇게 좋은지 수다를 쉬지 않았다.
–국물 시원하기에는 연포탕 따라올 게 없어요. 번쩍번쩍 빛나는 낙지 대가리에서 우러나는 진국이 그만이에요.
–아, 네….
형과 형수는 곤혹스러운 표정을 지으며 헛기침을 했다. 나는 더 이상 두고 볼 수 없어 아내의 옆구리를 찔렀다. 그러나 아내는 눈치 없이 소리쳤다.
–왜? 소주도 시키라고? 알았어.
하더니만 주방을 향해,
–아저씨! 여기 소주도 한 병 주세요!
–아이고 웬수! 이걸 어쩌면 좋아….
이윽고 연포탕과 소주가 왔다.
순간 아내가 각자에게 배정된 대접 중에 형 것을 들더니 그야말로 번들번들한 낙지대가리를 국자로 떠 형에게 내밀며 말했다.
–드셔 보세요. 낙지 대가리가 정력에 그만이에요.
순간, 형이 곤혹스러운 표정을 지으며 말했다.
–아, 네….

나는 기가 막혀 재빨리 형에게 술잔을 건네고 술을 권했다. 형은 불쾌한지 따르는 즉시 받아 마셨다.
나는 그 심정 이해가 돼 연달아 따랐다.
그러나 아내는 눈치를 채지 못하고,
－과장님, 낙지 대가리랑 같이 드세요!
하며 또 다른 낙지 대가리를 국자로 떠 내밀었다.
그러자 묵묵히 받아주던 과장 형이 취기가 도는지 한마디했다.
－제수씨! 지금 저 엿먹이시는 겁니까?
－엿이라뇨? 여기 어디에 엿이 있다고?
하며 아내는 주위를 두리번거렸다.
그러자 형이 탁자를 탁치며 말했다.
－제가 대머리 되는데 보태주신 거 있으시느냔 말에요!
－네에!
그때서야 낙지 대가리와 형의 머리를 번갈아 쳐다보던 아내가 무안한 표정을 지으며 말했다.
－죄… 죄송합니다!
그러나 형은 씁쓸한 표정을 지으며,
－됐습니다! 여보 그만 가자고!
하며 일어나 출입구로 향했다.
형수도 가슴을 치며 뒤따랐다!

– 혀엉! 혀엉!
하며 소리쳐 불렀지만 형은 뒤도 보지 않고 밖으로 나가버렸다.
– 아이고! 웬수! 웬수!
나는 형을 뒤쫓아 가며 아내를 째려봤다. 그러나 아내는 아랑곳없이 아깝다며 연포탕을 먹고 있었다.

– 어유! 어유!
꼭 이게 발단은 아니겠지만 난 승진명단에서 누락됐다.
그래도 누구 하나 원망할 수 없었다.
고고하신 마누라를 모시고 산 죄로….

선동렬 파이팅!

베이징 올림픽 야구 결승전 때였다. 유달리 야구를 좋아하는 나는 월드컵 때처럼 범국민적 응원을 잠실야구장에서 한다기에 외출을 서둘렀다.

이런 나를 보고 아내가 물었다.

－여보! 어디 갈려고 그래?

－잠실야구장에서 대대적으로 야구응원을 한다기에 갈려고….

그러자 아내가 말했다.

－그럼, 나도 갈래! 잠깐 기다려!

하며 안방으로 쪼르르 들어갔다.

－왜 그래! 당신은 야구 싫어하잖아. 몇 회 안돼서 또 집에 가자고 하려고!

그러나 아내는 아무런 응답이 없었다.
잠시 후 아내는 평소와 달리 스포티한 차림으로
나오더니 신발을 꿰신었다.
순간 나는 은근히 걱정되었다. 아주 중요한 시합인데
도중에 나오자고 하면 어쩌나 싶어서다.
그래서 노골적으로 못을 박았다.
—잠깐! 저번 때마냥 지루하다며 중간쯤에서 나가자고
보채려면 애초부터 가지 말자고!
그러자 아내는 고개를 흔들며 말했다.
—그런 일은 없어! 금메달이 걸린 거라….
그리고 서둘러 문을 나섰다. 나는 약간 걱정스러웠지만
좋은 자리를 잡기 위해 서둘렀다.
야구장은 이른 시간인데도 많은 사람들이 좌석을
메우고 있었다. 3루 쪽에 자리잡은 우리는
매점에서 미리 사가지고 온 음료수를 마시며
경기시작을 기다렸다.
드디어 경기가 시작됐다.
이용규의 재치 플레이와 이승엽의 기지가 돋보였다.
게다가 류현진의 안정된 투구는 그야말로 승리를
예약한 듯싶었다. 그래선지 관중들은 류현진의
일구 일구에 환호성을 올렸다.

－스트라이크 아웃!

이때였다. 묵묵히 보고 있던 아내가 벌떡 일어나더니 목청껏 외쳤다!

－선동렬 파이팅!!

순간 주위의 관객들이 일제히 쳐다봤다.

그러자 아내는 더욱 신이 나서 소리쳤다.

－나이스 피처! 선동렬 파이팅!

그러자, 초등학생으로 보이는 한 아이가 말했다.

－아줌마! 저 형은 선동렬이 아니라 류현진이에요!

그러자 주위에 관중들이 일제히 웃음을 터뜨렸다.

－아이고! 쪽 팔려! 가자! 가자!

나는 더 이상 따가운 시선을 피할 수 없어 아내의 손목을 끌었다. 그러나 아내는 막무가내로 외쳤다!

－나이스 피처! 좌우지간 파이팅!

－음메! 쪽팔려!

망구 주스

아내의 생일잔치 뒤풀이 때였다.
근사한 데서 칼질(양식)을 하고 품위 있는 커피숍을 찾았다. 우리는 창가에 앉았다.
잠시후 꽃 미남형의 웨이터가 메뉴판을 내밀며 말했다.
–뭘로 드시겠습니까?
그러자 아내가 이런 곳에 많이 왔다는 듯이 메뉴판도 보지 않고 시건방을 떨며 말했다.
–망구 주스!
–네에? 뭐로요?
–거참! 망구 주스! 열대과일!
그러자 그제야 알아듣고,
–아, 망고 주스요?!

－그래, 그거…. 거참 말귀를 못 알아듣고만! 망구하면 알아들어야지. 엉덩이나 히프나 같은 거 아냐?

그러나 그는 요즘 당찬 젊은이답게 조목조목 따졌다.

－그게 아니죠. 망구는 나이든 노인네를 비하하는 말이고, 망고는 열대과일이죠. 그리고 엉덩이와 히프도 틀리죠. 엉덩이는 우리말이고, 히프는 영어니까요.

－뭐야! 그래서 왕한테 따지겠다는 거야!

아내가 불끈하며 자리에서 일어났다. 나는 더 이상 무슨 쪽팔림을 당할지 몰라 손목을 잡아끌며 말했다.

－가자! 가자!

썬 크림

지난 여름에 경포해수욕장으로 피서 갔을 때였다.
장거리 운전이 싫어 나는 가까운 인천 근교 섬으로
가자고 했다. 그러나 아내는 송창식의 고래사냥을
연달아 부르며 동해안을 고집하는 바람에
하는 수 없이 경포대 해수욕장으로 피서를 갔다.
그러나 거기서도 쪽팔림의 시련은 멈추지 않았다.
장시간 운전 끝에 예약한 민박집에 도착해 짐을 푸는데
아내가 어느새 수영복으로 갈아입고 설쳤다.
– 자기야! 우선 몸부터 담그자!
그러나 난 장시간 운전으로 인한 피로로 방바닥에
누우며 말했다.
– 피곤해, 우선 한숨 자야겠어.

그러자 아내는 그럴수록 움직여야 피로가 누적되지 않는다며 싫다는 나를 애써 일으켜 썬 크림을 발랐다.
－꽃미남~ 얼짱~ 서방~ 얼굴 타면 안 되지!~
노래까지 지어 부르며 정성스레 발랐다.
다 바르고 나자 자신도 대충 바르고 나의 손을 끌었다.
나는 하는 수 없이 아내의 손에 끌려 바다로 향했다.
순간 쪽팔림의 시련이 파도처럼 몰려들었다.
지나치는 사람들이 나를 보고 한마디씩 했다.
－저 인간 쪽발이 아냐!
－그런 것 같은데?
－정말로 뻔뻔함이 극치를 달리는 구먼!
멀쩡한 남의 땅 독도를 자기 땅이라고 우기면서 가부키를 찍자는 거야! 뭐야!
－글쎄 말이야. 좌우지간 쪽발이들은 상종 못할 인간이라니까!
하며 손가락질까지 해댔다. 그러나 나는 아무 말도 할 수 없었다. 그때가 하필이면 일본 외무상이 또 독도가 자기네 땅이라고 망언을 한 직후였기 때문이다.
그래서 꼬랑지를 내리고 고개 수그리고 화장실을 향했다. 화장실에 들어선 나는 거울을 보고 깜짝 놀랐다. 그야말로 썬 크림을 얼굴에 떡칠해

가부키 배우와 같았기 때문이었다.

－내 이 화상을!

하며 썬 크림을 후닥닥 지우는데 밖에서 아내가 큰소리로 불렀다.

－자기야! 아직 멀었어. 웬만하면 대충 자르고 나와!

－뭐야!

너무도 열 받아 뛰어나가자 아내가 저만치 도망가며 소리쳤다.

－날 잡아봐라!

－아이고 웬수!

그러나 아내는 소녀처럼 깔깔거리며 백사장을 요리저리 누볐다.

－아이고, 내 팔자야!

짭새님!

악몽 같은 피서가 끝나고 귀가할 때였다. 한시라도 빨리 집에 가고 싶은데 아내는 못내 아쉬운 듯 말했다.

−자기야. 우리 여기 모처럼 왔는데 현모양처 선배 신사임당님의 오죽헌에 들렀다가 가자!

−됐어. 그냥 가자고… 차가 얼마나 밀릴지 모르는데?

나는 교통체증도 문제지만 거기 가서 어떤 쪽팔림을 당할지 몰라 반대했다.

그러나 아내는 아랑곳없이 보챘다.

−현모양처가 선배 현모양처의 기운을 받고 싶다는데 정말 이럴 거야?!

더 이상 어쩔 수 없었다. 끝까지 반대하려다가, 한편으로 그곳에 다녀오면 좀더 나아지리라 싶어 기수를 오죽헌 쪽으로 돌렸다.

그러나 초행길이다보니 우리는 엉뚱한 길로 들어 헤맸다. 그러자 아내가 밖을 내다보며 소리쳤다.

—저기 아저씨한테 물어보자!

하며 교통정리 중인 경찰을 가리켰다. 그래서 나는 경찰 쪽으로 방향을 틀었다. 순간 나는 신호위반을 하고 말았다. 신호가 순간적으로 바뀌는 바람에 경찰이 보는 앞에서 말이다. 경찰은 이거 웬떡이냐 싶게 다가왔다. 그러자 아내가 위기를 기회로 바꾸겠다는 듯이 갑자기 목소리를 굴리며 경찰을 불렀다.

—이거보세요! 짭새 양반!

순간 아찔했다. 좋게 불러도 시원치 않은 판에 속어로 불렀으니 이건 그야말로 딱지는 따 놓은 당상이었다. 그걸 증명이라도 하듯이 다가선 경찰이 애써 침착한 표정을 지으며 말했다.

—무슨 일이십니까? 신호위반까지 하시면서?

그러자 아내가 더욱 목소리를 굴리며 말했다.

—짭새 양반! 우리가 지금 오죽헌을 찾는데 어디로 가야 돼요!

—뭐요!

경찰은 또 한번의 속어가 터지자 기가 막힌 듯,

소리쳤다. 그러나 아내는 눈치를 채지 못하고 웨쳤다.
-왜요?! 짭새 양반도 모르세요?!
그러자 경찰은 더 이상 참을 수 없다는 듯이 말했다.
-이 아줌마가! 정말, 끝까지 짭새! 짭새할래요!
그러나 아내는 여전히 눈치를 못 채고,
-그게 애칭 아녜요? 영화에서도 그렇게 하던데?
그러자 경찰이 가슴을 치며 말했다.
-아무리 그래도 그렇지! 짭새! 짭새 하지마세요! 듣는 짭새 기분 나쁘니까요!
그리고 자신도 이상하다는 듯이 고개를 갸웃거리더니,
-저쪽으로 가세요!
하며 오던 길로 뒷걸음 쳤다.
-휴우!
나는 가슴을 쓸어내렸다.
그러나 아내는 사태파악을 못하고 중얼거렸다.
-그러면 짜바리라고 할 걸 그랬나….
순간 나는 아내를 보며 가슴을 쳤다.

-아이고 그래! 니 겁나게 잘났다!
아무튼 그날 딱지 안 떼는 건 아내 덕이었다.

한일 전쟁

무식하면 용감하다는 말이 있다. 아내도 가끔 그런 때가 있다. 그렇다고 무식하다는 말은 아니다.
엄연히 고등교육까지 마쳤으니까. 그런데 왜 그러는지?
그건 아무래도 아줌마 병이 아닌가 싶다.
다시 말하면 겁을 상실한 무대포즘이랄까….
아무튼 아내는 나이가 들수록 심해지는 것 같다.
그날도 그랬다. 마누라 귀 빠진 날이었다. 며칠 전부터 아내는 노골적으로 자신의 생일을 각인시켰다.
커다란 달력에 붉은 매직으로 동그라미 쳐놓고
오며가며 "이날이 무슨 날인데 동그라미 쳐 있지?" 하며 나의 표정을 살폈다. 처음에는 그 뜻을 몰라 "동철이 소풍가는 날인가 보지?" 하고 얼버무렸다.

그러자 아내는 더욱 노골적으로 7080의 '가람과 뫼'의 '생일'이라는 노래를 불렀다.

~ 온 동네 떠나갈 듯 울어 젖히는 소리~ 내가 세상에 첫선을 보이던 바로 그날이란다.~

순간 난 아내의 생일이라는 걸 눈치챘지만 미친 척하고 "당신 그날 방송국에 7080콘서트 구경가기로 했어?"

그러자 아내는 두말없이 거실로 가더니 TV를 보고 있는 동철이에게 화풀이를 했다.

-야! 텔레비전 끄고 공부해!

그러자 동철이는 아닌 밤에 홍두깨라는 듯이 볼 멘 소리로 말했다.

-왜 그래?! 지금은 엄마와 약속한 TV 보는 시간이야!

그래도 아내는 막무가내로 "아무리 그래도 그렇지, 넌 엄마가 화난 것도 안 보이냐?" 하며 TV를 껐다.

그러자 동철이는 억울하다는 듯이 소리쳤다.

-그럼, 엄마 화나면 약속은 안 지켜도 되는 거야?

그러자 아내도 말문이 막히는지,

-허긴 그렇지. 그 애비에 그 자식이니? 눈치코치인들 있겠어! 아이고 그래, 브라운관이 펑크나도록 봐라 하며 TV를 켜고 돌아섰다.

순간 나는 때를 놓치지 않고 은근히 말했다.

–그날, 회사 퇴근시간에 맞춰 나와….
그러자 아내는 애써 표정관리하며 말했다.
–뭣하게?
–오붓한 곳에서 식사나 하게…. 당신이 그토록 먹고 싶어하던 일식으로….
–그래?! 구태여 그러시겠다면 시간 내 나가주지….
하며 안방으로 들어갔다.
순간 나는 웃음이 앞을 가렸지만 꾹 참고 동철이와 나란히 앉아 도라에몽을 봤다.
이런 사연으로 약속된 그날이 왔다.
퇴근시간. 다른 때보다 일이 밀려 늦게 끝났다.
그러나 나는 아내에게 전화하지 않고 느긋하게 현관으로 나갔다. 왜냐하면 아내의 코리아 타임은 알아주기 때문이었다. 한번도 제시간에 나타난 적이 없었다. 게다가 무슨 변명은 왜 그리 많은지?
차가 밀려서 말이야…. 머리를 하느라고…. 동철이 밥 챙겨주고 오느라고…. 등등 오백 가지는 된다.
그러나 나는 따지지 않는다. 왜냐하면 시차를 계산해서 나가기 때문이다. 그렇다고 노골적으로 맞춰나가지는 않는다. 한 10분 정도는 빨리 나간다.
그건 아내가 미안한 마음을 갖게 하기 위해서다.

그런데 이게 웬일인가? 아내가 미리와 있었다.
오랜 시간을 기다린 듯 하품까지 해대고 있었다.
나는 일부러 걸음을 빨리하고 다가서며
초조한 분위기를 조성했다.
—오늘따라 일이 밀려서 말이야….
—됐어. 그럴 수도 있지.
하며 아내는 무료함에서 벗어나겠다는 듯이 앞장을
섰다. 나는 뒤따라가며 필요 이상의 말을 건넸다.
—지금 가는 일식집은 말이지 일본 사람이 직접
운영하는 일식집으로 본토에서 요리사는 물론이고
써빙 맨까지 데려와 모든 게 일본식이야?
—그 말은 많이 와 봤다는 얘기네?
아내는 은근슬쩍 물었다. 그건 혹시 숨겨 논 누군가와
와 봤지 않느냐는 투였다. 하지만 그 술수에 넘어갈
내가 아니다. 똑 부러지게 말했다.
—그럼.
—뭐야?!
아내가 눈을 동그랗게 뜨며 물었다.
그러나 나는 아무렇지 않다는 표정으로 말을 이었다.
—수도 없이 왔지. 내가 우리 회사 일본 바이어
담당이니까.

그제야 아내는 안도의 한숨을 내쉬었다.

—여기야!

나는 의기양양하게 일식집에 들어섰다. 순간 아내는 펼쳐진 일본식 정원 풍경에 넋을 잃고 쳐다봤다.

평소에 알고 지내던 지배인이 나와 안으로 인도했지만 아내는 꿈쩍도 하지 않았다.

순간 나는 아내의 옆구리를 찌르며 말했다.

—이게 왜 이래 촌닭처럼….

그제야 아내는 헛기침을 하며 뒤따랐다.

우리는 아담하게 꾸며진 구석에 자리 잡았다.

실내는 이미 많은 사람들이 자리 잡고 앉아 음식을 즐기고 있었다. 나는 지배인에게 예약해 놓은 음식을 주문했다.

잠시 후 깔끔하게 차려진 음식상이 들어왔다.

순간 아내가 말했다

—이거 한 상에 얼마짜리야?

그러자 나는 주위를 둘러보며 조용히 말했다.

—이런 데서는 그런 것 물으면 교양 없다 하는 거야.

사실은 이 상은 집주인이 그동안 매상을 올려준 것에 대한 일종의 보너스 같은 것이지만, 김이 샐까봐 못을 박은 것이다.

그러자 아내는 더 이상 묻지 않고 음식을 즐겼다.
우리는 뜨끈한 정종까지 시켜 진미를 즐겼다.
잠시 후 나는 방광의 포만감을 느끼고 화장실을 갔다.
그리고 나는 기상천외한 쪽팔림을 당했다.
시원하게 배출을 하고 화장실을 나서는데 아내의 고성이 조용한 실내에 울려 퍼지고 있었다.
무슨 일인지 몰라도 아내는 지배인에게 삿대질까지 하며 소리쳤다.
－아무리 야만 근성이 있는 쪽발이지만 손님한테 이럴 수가 있는 거야!
나는 너무도 놀라 아내에게 다가가 진정시킨 다음 그 자초지종을 들었다. 그 사건은 이러했다.
내가 화장실을 간 사이에 목이 말라 지배인한테 냉수를 달라고 했단다.
그러니까 지배인이 대뜸 욕을 하더라는 것이다.
－좆도!
그래도 품위 없다고 할까봐 참고 있는데…. 할아버지 두 분이 지배인한테 물수건을 달라니까 참을 수 없는 욕을 했다는 것이다. 그것도 두 어르신을 번갈아 보면서….
－좆도 맞대 구다사이….
하더란 거다. 그러니까 한마디로 '기다리라'는

일본 말을, 그걸(?) 꺼내 맞대라는 소리로 알아듣고
흥분했다는 것이다.
순간 얼마나 얼굴이 얼마나 화끈거리는지….
– 아이고 쪽팔려!
나는 두말하지 않고 아내의 손을 끌었다. 그러나 아내는
사태를 파악하지 못하고 지배인에게 소리쳤다.
– 어이, 쪽발이! 오늘 운 좋은 줄 알아!
– 아이고, 가슴이야….
그야말로 아내는 용감했다.

과잉 친절

희생의 어머니! 자원봉사의 원조!

테레사 수녀를 닮고 싶다는 아내는 틈만 나면 선행을 일삼았다. 나는 이런 아내가 싫지 않았다.

아내가 하는 선행은 빠듯한 가계에 피해 주는 것이 아니라 타고난 건강미를 뽐내기가 전부이기 때문이다. 한마디로 몸으로 때우는 거라 굳이 막을 필요가 없는 것이다. 게다가 한번 선행 때마다 흐뭇해 하는 아내의 표정이 더없이 아름다웠기에 권장하고 싶을 정도였다.

하지만 그날의 선행은 나를 또다시 쪽팔리게 해 이제는 말리는 실정이다.

생각만 해도 어처구니없는 그날의 시추에이션!

아내는 공황상태 그 자체였다.

그러니까 지난 가을, 낙엽이 우수수 지던
일요일 오후였다.
라디오를 들으며 설거지를 하던 아내가 갑자기
설거지를 팽개치고 다가오더니 외출을 하자는 거였다.
– 갑자기 왜?
그러자 아내는 갑자기 우수에 젖은 표정을 짓더니 "우!
당신은 지금 낙엽 지는 소리가 들리지 않으세요?" 하며
나의 손을 끌었다.
그야말로 김밥 옆구리 터지는 소리였다. 그래서 나는
"무슨 소리하는 거야? 내 귀에는 싱크대 수도꼭지
물새는 소리 밖에 안 들리는데!" 하며 어설프게 잠근
싱크대 수도꼭지를 가리켰다.
그러자 아내는 "아유 무드 없어!" 하며 수도꼭지를
거칠게 잠갔다.
그리고 신경질적으로 그릇을 정리하며 시위를 했다.
– 우당탕! 쨍!
그러나 나는 모처럼의 휴일을 망가뜨릴 수 없어 모르는
채 보고 있는 TV의 볼륨을 높였다. 그러자 아내도 별수
없는지 그릇 시위를 끝내고 밥통을 여닫으며
밥통시위를 했다.
하지만 난 상관치 않고 TV에 열중했다.

생각 같아서는 “야! 왜 그래! 밥통이 당신한테 돈을 달라고 해! 떡을 달라고 해!” 하고 소리치고 싶었지만 꾹 참고 TV에 열중했다.

하지만 나의 휴식의 소망도 한 통의 전화로 끝이 나고 말았다. 친 형제간처럼 지내던 고향 후배였다.

부부동반으로 결혼식에 참석하고 가던 길에 삼청동에 들렸는데 낙엽길이 너무 좋아 전화를 했다는 것이다.

그리고 말미에 오래간만에 형 내외분께 식사 한 끼 대접하고 싶으니 거절 마시고 나오라는 것이다.

생각 같아서는 다른 핑계를 대고 거절하고 싶었지만 오랜만에 찾아온 후배를 나몰라라 할 수 없어 승낙하고 말았다.

– 알았어…. 거기까지 한 40분 걸릴 거야….

그래, 조금 있다 보자.

나는 전화를 끊고 아내를 쳐다봤다.

조금 전까지 밥통시위를 하던 아내가 나의 전화 내용을 엿들었는지 밥통시위를 끝내고 딴전을 피웠다.

– 저기 있지?

나는 아내의 눈치를 살피며 조심스럽게 말문을 열었다. 그건 자신보다 후배의 말에 더 신경쓴다는 오해를 받기 싫어서다.

–뭐?!

아내는 애써 표정 관리를 했다.

하지만 그 표정이 너무도 어설퍼 웃음이 나왔지만 꾹 참고 닭살스러운 목소리로 말했다.

–자야! 당신은 지금 낙엽 지는 소리가 들리지 않으세요?

그러자 아내가 여전히 표정을 관리하며 "안 들려! 당신의 양심에 바람 새는 소리 밖에…." 하며 머리를 매만졌다.

–그래, 그렇다면 이왕 버린 몸이니까 혼자 낙엽 길을 걸어야 겠구먼…. 그러다가 우수에 젖은 여자 만나면 커피 한잔 때리고….

하며 나는 일어나 안방으로 들어갔다. 그러자 아내가 쏜살같이 따라 들어오며 "그럴 수는 없지. 어머님한테 철없는 당신을 끝까지 지키겠다고 했으니까 보호자 차원으로 따라가야지!" 하며 화장대 앞에 앉더니 화장을 시작했다. 나는 못이긴 척 "그럼 그렇게 하던지…." 한마디하고 수건을 목에 걸고 욕실로 향했다.

샤워를 마치고 나오자 아내는 평소와 다르게 총알같이 외출 준비를 하고 신발을 꿰신으며 말했다.

–영감! 갑시다!

나는 너무도 어이가 없어 씩 웃고 안방으로 들어가 외출준비를 했다. 방밖으로 나오자 아내는 신발장 거울을 보며 화장을 다듬고 있었다.
일단 손쉽게 외출준비를 마친 우리는 집 근처 버스정류장으로 갔다. 그러나 삼청동까지 한 번에 가는 차가 없었다. 그래서 우리는 일단 서울역에 가서 갈아타기로 하고 서울역으로 향했다.
서울역 환승센터에서 내린 우리는 삼청동행 버스를 기다렸다. 버스정류장에는 우리 말고 노인 두 분과 학생들이 서 있었다.
두 노인 중에 한 분은 시골에서 올라와 자식 집에 가시는지 커다란 보퉁이가 발앞에 놓여 있었다.
이때였다. 버스가 들어왔다. 그러자 앞에 서 계시던 할머니가 뒤의 할머니를 돌아보셨다. 그리고 보퉁이를 들고 승차하시려다 힘이 부치시는지 일단 승차구 계단에 올려놓고 오르셨다. 뒤에 할머니는 마치 누군가에 도움을 청하려는 듯 주위를 두리번거리셨다.
그 순간 아내의 눈이 번쩍 빛나더니 잽싸게 보퉁이를 실었다. 그러자 버스는 기다렸다는 듯이 힘찬 굉음을 내며 출발했다. 순간 뒤에 서계시던 할머니가 버스를 따라가며 소리쳤다.

—아이고! 내 보퉁이! 내 보퉁이! 어쩌면 좋아!
그러나 버스는 이미 서울역 광장을 벗어난 뒤였다.
그러자 할머니가 씩씩거리며 다가오시더니 아내를 보고 소리쳤다.
—이것 봐! 색씨! 어쩔 거야!
순간 나는 앞이 캄캄했다. 아내의 선행 병이 번지수를 잘못 짚어 사고를 쳤기 때문이었다.
—아이고, 시간도 없는데 이 일을 어쩌면 좋아!
너무도 어이가 없어 아내를 째려봤다. 그러나 아내 역시 어안이 없는지 어리벙벙한 표정으로 말했다.
—그럼, 저게 방금 타신 할머니 것이 아니란 말예요!
—그래! 내꺼야! 색씨가 뭔디! 잘난 척 시키지도 않은 짓을 하고 그래!
순간 학생들이 키득키득 웃었다.
그리고 일부는 나를 쳐다봤다.
그건 마치 "걱정되시겠습니다!" 라는 투로 말이다.
정말이지 마누라의 머리를 쥐어박고 싶었다.
그러나 사태수습이 급선무라 꾹 참고 아내의 눈치를 살폈다. 그러나 아내는 도무지 이해 안 되는지 알딸딸한 표정으로 물었다.
—그럼, 저 할머니가 왜 보퉁이를 들고 오르려고

했어요!

－그거야! 저 망구도 나를 도와주려고 그런 거지! 어쩔 거야!

하며 할머니는 발까지 동동 구르셨다. 도저히 방법이 없었다. 택시라도 잡아타고 쫓아가 찾아드리는 수밖에…

나는 아내의 다른 말이 나오기 전에 할머니께 말했다.

－할머니, 너무 걱정 마세요! 찾아드릴게요!

－어떻게?!

－네, 저랑 저기 택시 정류장에서 택시 타고 쫓아가서요!

－그럼, 찾을 수 있는 거야?

－그럼요!

이때였다. 그 와중에서도 아내가 옆구리를 찌르며 소리죽여 말했다.

－택시비 어떻게 감당하려고?

순간 나는 너무도 기가 막혀 눈에 힘을 주고 노려봤다. 그러자 아내도 별수 없는지 할머니 손을 잡고 택시 정류장으로 향했다. 우리는 때마침 대기하고 있는 택시에 올라 막무가내로 말했다.

－아저씨! 용산 쪽으로 가는 버스정류장으로 가주세요.

그러자 아저씨는 무슨 소리냐는 투로 쳐다봤다.
–그럼, 한 정류장만 가시겠다는 거예요?
–그게 아니라 얼마 전에 떠난 버스가 이 할머니 짐을 싣고 가버려서요.
아내는 비굴한 표정을 지으며 말했다. 그러자 아저씨는 할머니와 아내를 번갈아보더니 "알았어요! 가봅시다!" 하며 용산 쪽으로 향했다.
아내의 연기보다는 할머니의 애타는 모습에 자신의 어머니를 떠올린 듯싶었다.
첫 번째 도착한 곳은 갈월동 정류장!
다행이었다. 그곳에 첫 번째 할머니가 보퉁이를 힘겹게 들고 발을 동동 구르며 서 계셨다.
순간 할머니가 소리쳤다.
–저 할망구야!
그러자 택시 기사는 능숙하게 택시 정류장에 차를 세웠다. 순간 아내가 재빨리 내려 보퉁이를 가져왔다.
그리고 하는 말이 "할머니, 이제 아까 그 자리로 모셔다 드리면 되지요?"
그러자 할머니가 한숨을 내쉬며 말했다.
–가봐야 틀렸어.
–틀리다뇨?

아내가 초조한 표정을 지으며 말했다.
그러자 할머니가 울먹이며 말씀하셨다.
－버스정류장에서 기다리면 손자 녀석이 온다고 그랬는데…. 내가 없으니까 안 온줄 알고 가버렸을 거야.
－그럼, 어떡하죠?
－어떻게 하긴 어떻게 해. 재수 옴 붙었다 생각하고 물어물어 찾아가야지….
하시며 눈물 바람까지 하셨다. 더 이상 어쩔 수 없었다. 모셔다 드릴 수밖에…. 그래서 주소를 물었다.
그러자 할머니가 속주머니에서 꼬깃꼬깃한 편지 봉투를 꺼내 내밀었다. 거기에 쓰여 있는 주소는 우리의 목적지와 반대인 신당동이었다. 그렇다고 어쩔 수 없어 나는 기사에게 쪽지를 건네고 아내를 노려봤다.
아내는 애써 나의 눈을 피하며 창밖을 쳐다봤다.
택시 기사는 손님이 없는데 봉 잡았다는 듯이 후암동 쪽으로 기수를 돌렸다. 아마도 남산을 거슬러 퇴계로 방면으로 갈 심산인 듯 보였다.
나는 한숨과 함께 눈을 감아 버렸다. 아내도 무안한지 눈을 감아 버렸다. 연달아 울리는 핸드폰 벨소리에 눈을 떴을 땐 이제 겨우 대한극장 근방이었다.

서둘러 전화를 받으니 후배가 무슨 일이 있기에 안 오냐는 거였다. 순간 손목시계를 봤다. 시계는 이미 약속한 시간보다 사십분이 지나 있었다. 그래서 피치 못할 사정이 생겨서 그런다며 양해를 구했다.

그러자 후배도 조심히 오라며 전화를 끊었다.

－어유! 어유!

나는 가슴을 쳤다. 그러자 할머니가 걱정스런 표정을 지으며 말했다.

－점심 먹은 게 체했어! 손가락 따 줄까?

하며 옷핀을 푸르셨다.

－아… 아네요.

하며 손사래를 쳤다.

그러나 할머니는 막무가내로 "아냐! 이건 약보다 직통이야!" 하시며 나의 엄지손가락 움켜잡으시더니 옷핀을 머리에 두어 번 문지르신 다음 정말로 나의 엄지손가락을 따셨다.

－아야!

순간 아내가 배꼽을 쥐고 웃었다.

－어유! 저걸….

그렇다고 어쩔 수 없어 창밖을 보고 눈만 부라렸다.

이러는 사이 택시는 신당동 떡볶이 타운에 들어섰다.

그러자 할머니는 이제부터는 아시겠다며 차를 세워 달라고 하셨다. 택시가 섰다. 그러자 아내가 잽싸게 내려 할머니 보퉁이를 안전한 곳에 내려놓았다.

나는 할머니께 작별 인사를 했다. 할머니는 고맙다는 인사와 함께 다가서는 아내의 등짝을 도닥거렸다.

아내는 다시 한번 고개를 조아리고 택시에 탔다.

이곳 교통사정을 몰라 종로로 나가 버스를 탈 요령으로 말이다. 나는 못이긴 척 묵인하며 눈을 감았다.

기사도 그게 나을 거라는 듯이 출발을 했다.

순간 아내가 버럭 소리를 질렀다.

– 아저씨! 스톱이요!

– 왜요?!

– 무슨 요금이 이렇게 많이 나왔어요!

– 얼만데?

– 삼만 오천이요!

– 뭐야!

나는 너무도 놀라 소리쳤다. 그러자 기사가 별 손님 다 보겠다는 듯이 한마디 했다.

– 거참 모범택시 한두 번 타 봐요!

– 뭐라고요? 거기다 모범택시라고요!

– 네. 그래서 제가 처음에 난색을 표했잖아요.

굳이 이 차를 타겠냐는 듯이!
—그럼, 진작 그렇다고 말씀 하셨어야죠.
—그래서 지금 무임승차라도 하시겠다는 거예요.
하며 아저씨는 별 촌사람 다 보겠다는 듯이 말했다.
—그렇다기 보다는 조금 깎아 주시면….
아내는 또다시 비굴한 표정을 지으며 말했다. 그러자 기사가 별 이상한 아주머니 다 보겠다며 말했다.
—손님, 여기가 시장통인 줄 아세요!
하며 무슨 말인가 덧붙이려 했다. 순간 나는 재빨리 카드를 꺼내 내밀었다. 그러자 기사도 별 말없이 결재를 서둘렀다.
택시에서 내리자 하늘이 노랬다.
아내도 충격이 큰지 비틀거렸다.
—아이고, 인물! 지가 무슨 테레사 수녀라고 자발을 떨어…. 거금을 먹도 쓰도 못하고 날려…. 내가 이제 너하고 외출하면 사람이 아니다….
라는 말이 분노와 함께 입안에 뱅뱅 돌았지만 꾹 참고 종로 쪽을 향해 앞장서 걸었다. 아내는 여전히 술에 취한 듯 비틀거리며 조심스럽게 나의 뒤를 따랐다.
그러나 기분은 그리 나쁘지 않았다. 곤경에 처한 할머니를 도와 드렸다는 뿌듯함 때문일까….

이런 맛에 선행을 하지 않나 싶었다.

하지만 아내의 무대포식의 선행은 자제해야 하지 않나 싶다.

–가정의 평화를 위하여!

형수님이 이상해요

천신만고 끝에 도착한 현장은 달력 같은 가을이 펼쳐지고 있었다. 우리의 마음을 달래듯 은행나무 노란 단풍잎이 바람에 휘날렸다.
그야말로 낙엽 지는 소리가 아른 하게 가슴으로 파고드는 듯했다.
순간 나는 나도 모르게 가을노래를 흥얼거렸다.
–찬바람이 싸늘하게 가슴을 스치면~ 따스하던 너의 두 뺨이 몹시도 한없이 그리웁구나.~
그러나 아내는 지은 죄가 있어선지 일정한 거리를 유지하며 묵묵히 뒤따랐다. 순간 이런 아내를 보니 안쓰럽다는 생각이 들었다. 그래서 발길을 멈추고 다가서는 아내를 보며 말했다.

－잊어버려… 이거 모두 당신 자발 액땜 한 셈 치자고….
말의 모양새가 뭐하지만 그래도 일침을 가해야겠기에 그대로 내뱉었다. 그러나 아내는 상관치 않고 금세 환해지더니 "우와! 단풍이 곱다!"면서
소녀처럼 뒹구는 은행잎을 주워 모았다.
그건 어쩌면 내가 마음을 열어 고맙다는 표시이기도 했다. 하지만 난 앞으로의 일이 걱정돼 다시 한번 못을 박았다.
후배 앞에서의 실수는 또 다른 치명타가 될 테니까.
－그래서 말인데, 이제 웬만하면 필요 이상의 언행은 자제해 주었으면 해….
하며 아내의 얼굴을 살폈다. 아내는 예상 외로 고개를 끄덕였다. 너무도 순순한 터라 어딘지 모르게 개운치 않았다. 하지만 자기도 사람인지라 싶어 앞장서서 약속 장소 안으로 들어갔다.
일명 은행나무 집은 전체가 노란 은행나무 낙엽으로 둘러싸여 그야말로 노랑 페인트를 뿌려놓은 듯했다.
－선배님! 여그여라! 여그!
한쪽 구석 테이블에 앉아 제수씨와 함께 차를 마시면서 깔깔거리던 후배가 나를 발견하고 정겨운 고향말로

나를 불렀다.
–그랴….
나는 손을 들어 보이고 아내의 등을 밀었다.
아내는 평소와는 달리 조신한 표정을 지으며 다가섰다.
그러자 후배가 반갑게 맞았다.
–아따 형수님! 겁나게 이뻐져 부렀소잉?
–기…길수 씨도, 참….
하며 아내는 다소곳이 의자에 앉았다. 아무리 찍어 발랐다고는 하지만 그 얼굴에 햇살인데 후배는 겁나게 오버하고 있었다.
나는 제수씨에게 먼 길 오시느라 수고 하셨다는 말과 함께 머리를 숙여 보이고 아내 옆에 앉았다. 후배는 식장에서 전작이 있었는지 평소와 달리 말이 많았다.
–아따, 그라고 봉께 선배님도 안존히 촌 때깔 벗어 부렀소.
–뭔 소리여…. 난 그대로여. 아무리 서울이 대한민국의 최고의 도시라지만 알고 보믄 거기서 거기여.
–아니어라. 역시 수돗물이 다른 것 같구만이라. 이렇게 사람 얼굴을 다르게 멩그는 것 보믄….
후배는 또다시 어설픈 아부를 했다.
이때였다.

조신하게 있던 아내가 헌 바지 X 불거지듯이 쏙 나서며 한마디 했다.

－그건 착각이여요. 서울 수돗물은 정수기 없으면 못 마셔요.

순간, 후배가 멍하니 쳐다봤다. 그건, 자신이 말하는 수돗물이란 진짜 수돗물이 아니라 대한민국의 수도 서울의 환경을 지칭한 건데 아닌 밤에 홍두깨 식으로 들이대니 얼떨떨한 거다.

－아이고, 인물…. 가만히 있으면 중이라도 가는데…. 뭐가 잘났다고….

나는 나도 모르게 아내를 째려봤다.

그러자 아내는 빙그레 웃으며 말했다.

－그런 눈으로 보지 마세요. 조크에요! 조크….

대단한 순발력이었다. 후배는 금방 미소를 띠우며 남은 커피를 마셨다. 그때 묵묵히 있던 제수씨가 아내한테 질 수 없다는 듯이 한마디 했다.

－조커를 아시는 것 보니까 카드를 잘하시나 보네요.

순간 아내와 나는 말문을 잃고 그녀를 쳐다봤다.

그러자 그녀는 뭐가 이상하냐는 투로 우리를 보더니 곧이어 한마디 했다.

－농담이에요! 농담!

그러자 후배가 배를 잡고 웃었다. 우리도 가만히 있기 뭐해 따라 웃었다.
그야말로 인물들의 반상회를 하는 듯한 기분이었다.
기분이 묘해지자 후배는 서둘러 음식을 시켰다. 음식이 나오기까지 무슨 말인가 더 나눴지만 영양가 없어 귀담아 듣지 않았다.
잠시 후 종업원이 먹음직스러운 음식이 담긴 밀차를 밀고 들어섰다. 우리는 약속이나 한 듯이 목에 냅킨을 하고 진미를 즐겼다. 어찌나 음식이 입에 쩍쩍 달라붙는지 우리는 모든 접시를 거의 비웠다.
특히 아내는 그야말로 오늘은 영양보충을 하겠다는 듯이 신나게 먹었다.
식사가 끝나자 디저트와 함께 커피가 나왔다.
우리는 서로의 근황을 물으며 커피를 마셨다.
이때였다.
아내가 갑자기 배를 만지작거리며 일어나더니, 잠깐 실례하겠다며 부리나케 뒤껕으로 달려갔다.
–어쩐지 욕심껏 먹더라니….
오기스런 말이 입안에 뱅뱅 돌았지만 애써 삼키고 나는 후배에게 고향의 근황을 물었다.
–광주는 여전하지?

－물론이지라…. 우 다방도 그대로구만이라.
이때였다. 아내가 후다닥 다가오더니 자신의 핸드백에서 뭔가를 꺼내더니 또다시 뒤곁으로 뛰어갔다. 아마도 화장지를 가지고 가는 듯싶었다.
순간 후배가 걱정스런 표정으로 쳐다봤다. 그러나 나는 아무렇지 않다는 듯이 말을 이었다. 속으로는 "아이고 주책…. 그러니까 적당히 먹었어야지…." 하며 쏘아붙이고 싶었지만 역시 꾹 참았다.
이때였다. 아내가 애써 밝은 표정을 지으며 돌아와 자리에 앉았다. 뭔지는 몰라도 다소 안정을 되찾은 듯싶었다. 하지만 문제는 다음부터였다.
아내가 앉자마자 이상한 냄새가 풍기는 것이었다. 지독한 똥냄새가 말이다. 나만 그러나 싶어 후배 내외 얼굴을 살폈다. 하지만 그들 역시 냄새를 참을 수 없다는 듯이 알게 모르게 코를 만지작거렸다.
－그렇다면 이 여자가… 옷에 설사를….
생각이 여기에 미치자 얼굴이 화끈거렸다.
그래서 안절부절 어쩔 줄 모르는데 후배가 자리에서 일어나며 말했다.
－선배님! 이제 그만 일어나시죠.
－아니, 좀더 있어도 되는데….

–저도 그러고 싶지만 열차 시간이 다되어서….
하며 손목시계를 쳐다봤다. 천만 다행이었다.
자진해서 철수해주겠다니. 그래서 나는 은근히 말했다.
–그렇다면 할 수 없구먼…. 조만간 광주 출장이 있을 것 같으니 그때 만나서 나머지 회포는 풀기로 하세.
하며 아내의 등을 밀었다. 그러자 아내는 커피를 마시다 말고 일어나 제수씨에게 다가서며 악수를 했다. 그 순간 후배가 나에게 다가서더니 조용히 말했다.
–선배님! 형수님이 이상해요. 속옷에 실례를 하셨나 봐요. 지사제부터 사먹이세요.
하며 등을 밀었다. 순간, 나는 말문이 막히고 말았다.
그렇게 부탁을 했는데, 또 사고를… 나는 너무도 화가 나서 아내의 손을 끌고 부리나케 식당 문을 나섰다.
그러나 아내는 내가 무슨 잘못을 했냐는 듯이 나를 쳐다보며 버텼다.
나는 손목에 더욱 힘을 주어 끌었다.
가게에서 멀어지자 아내는 나의 손을 거칠게 뿌리치며 소리쳤다.
–당신, 도대체 왜 그래!
–몰라서 물어?
–내가 뭘?

－눈치코치 없이 음식 꼴 못본 사람처럼 꾸역꾸역 먹더니 배탈 나서 옷에 싼 거 아냐?

자존심 상할까 봐 이런 말까지 하지 않으려했지만 너무도 얄미워 쏘아붙였다. 그러자 아내는 매우 억울하다는 표정을 지으며 말했다.

－지금 무슨 소리하는 거야?

－그럼, 당신한테서 나는 똥냄새는 뭐야!

하며 따지듯 물었다. 그러자 아내는 별일 아니라는 듯이 웃으며 주머니에서 검은 봉지를 꺼내며 말했다.

－이것 때문에 그래?!

－그게 뭔데?

－뭐긴 뭐야! 당신 혈압에 좋다는 은행이지!

하며 봉지를 펼쳐보였다. 순간 고약한 냄새가 풍겼다. 봉지 안에는 은행이 가득 담겨 있었다.

－그럼, 일보러갔다가 그걸 주웠단 말이야?

－그래, 얼마나 씨알이 굵던지…. 지나칠 수가 없더라고…. 거참, 이렇게 의심만 하는 서방이 뭐가 좋다고….

순간 나는 할 말을 잃고 말았다. 고맙다고 해야 할지 아니면 억지 화를 내야 할지… 도저히 가늠할 수 없어… 말끝을 흐렸다.

–가자. 동철이 돌아올 시간이야….

그러자 아내는 이상야릇한 미소를 지으며 뒤따랐다.

아무리 그래도 난 후배 앞에서 쪽팔림을 당한 건 사실이었다.

이때였다. 핸드폰이 요란하게 울었다. 후배였다. 형수님 상태가 어떠냐는 거였다.

그래서 나는 핸드폰에 대고 소리쳤다.

–인마! 싼 게 아니라 뒤곁에서 은행을 주웠대!

–뭐… 뭐라고요!

후배도 어이가 없는지… 몹시 궁색해 하더니 미안하다는 사과와 함께 전화를 끊었다.

그제야 마음이 풀렸다. 순간 나는 아내의 손을 꼭 잡았다. 그러자 아내가 빙그레 웃었다.

가을 소녀처럼 해맑게….

너와 나의 블루스

가을은 남자의 계절이라고 했던가?
떨어지는 낙엽만 봐도 괜히 울적해지고 어디론가 훌쩍 떠나고 싶다. 거기다 찬바람이라도 불작시면 왜 이리 마음이 시리는지, 도통갈피를 못 잡겠다.
처음에는 그저 스치는 증상인 줄 알았는데
왜 이리 시간이 갈수록 더해지는지?
누군가에 속마음을 터놓고 싶지만….
아무리 둘러봐도 콘크리트 숲속에 정형된 표정들이라 나 홀로 그냥 마음으로 삭히고 만다.
이럴 때 나의 반려자인 마누라가 위로의 화신이
되어주면 좋으련만…. 허구한 날 쪽팔림만 공급하니 그럴 수 없어 그만큼 고독은 깊어만 간다.

퇴근 시간은 더욱 그렇다. 방황의 시간이다.
—종로로 갈까요? 청량리로 갈까요? 차라리 집구석으로 갈까요?
설운도의 노래 '나침반'을 읊조리다 보면
나도 모르게 같은 군상들의 집합소인 포장마차나
선술집의 포장을 들추고 있다.
그날도 마찬가지였다. 나는 그렇게 또 포장마차의
포장을 들추고 들어갔다. 실내는 나를 닮은 가을의
중년들이 삼삼오오 모여앉아 술을 마시고 있었다.
나는 구석에 자리 잡고 앉아 닭똥집에 소주 한 병을
시켰다. 똥이라는 말이 거슬려 다른 안주를 시킬까도
생각했지만 마땅한 게 없어 그리 시킨 것이다. 옛날에는
안주도 다양했는데… 메뚜기볶음에… 참새구이가
왕따였는데…. 이제는 추억이 되어버리다니?
그렇다고 없는 걸 달라고 할 수 없어 나는 주인이
내미는 대로 받아 소주잔을 기울였다.
—한잔 또 한잔….
그래도 마음은 좀처럼 가라앉지 않았다. 그래서 밖을
주시하는데 아저씨가 이런 나의 마음을 아는지, 음악을
틀었다. 순간 포차 안에 나를 닮은 사람들이 일제히
수다를 멈추고 귀를 기울였다.

그야말로 명곡이었다. 나는 눈을 지그시 감고 가사를 음미했다. 폐부에 와 닿는 가사는 이러했다.

여자는 모르지~ 정말 모르지~ 남자가 왜 혼자~
술을 마시는지~ 여자는 모르지~ 정말 모르지~
남자가 왜 혼자서~ 빗속을 헤매는지~
여자는 이별을 한 뒤에 울면서도 거울을 보지만
남자는 이별을 한 뒤에 바보처럼 가슴만 치네.
여자는 모르지~ 정말 모르지~
남자가 왜 혼자서 여행을 떠나는지~

노래가 끝나자 나를 닮은 사람들은 일제히 박수를 치며 이구동성으로 앙코르를 외쳤다. 그러자 주인은 팬들에 호응하듯 반복 기능을 설정해 놓았다.
순간 이러고 있을 때가 아니라는 생각이 들었다. 그래서 난 서둘러 술병을 비우고 주인에게 가수 이름을 물은 다음 포장마차를 나왔다.
밝은 노을 속에 낙엽이 바람에 휘날리고 있었다. 나는 길 건너에 위치한 레코드 상을 생각해내고 신호가 바뀌자 냉큼 달려갔다. 가게에 들어서자 20대로 보이는 여종업원이 고개를 조아리며 "뭘 찾으시죠?"

하고 물었다.

순간 나는 방금 포장마차 주인으로부터 들었던 가수 이름마저 까먹고 망설였다.

그러자 종업원이 재차 물었다.

–무슨 노래를 찾으세요?

순간 나는 가사를 생각해내고 소리쳤다.

–여자는 모르지!

그러자 여종업원이 이상한 표정을 지으며 말했다.

–제가 모른다면 혹시 야한 거 찾으세요? 남직원 불러드릴까요?

하며 별 변태 다보겠다는 듯이 쳐다봤다.

순간 나는 답답해 가슴을 치며 말했다.

–그거 있잖아! 남자들의 외로움을 달려주는 거.

그러자 아가씨는 신경질적으로 말했다.

–야동이요!

–뭐야!

나는 너무도 기가 막혀 쳐다봤다. 이때였다.

주인인 듯한 40대가 다가오며 아가씨에게 물었다.

–미스 김, 왜 그래?

–글쎄 이 아저씨가 엉큼한 거 찾으시네요.

그러자 주인이 나를 보며 말했다.

－손님 죄송하지만 우리 가게는 그런 거 취급하지 않습니다. 정 주책을 부리시고 싶으시다면 청계천에 가보세요.

순간 나는 나도 모르게 소리쳤다.

－뭐요! 그러니까 이렇게 큰 레코드 가게에 '여자는 모르지'가 없단 말에요!

그때서야 남자는 알아듣고 고개를 조아리며 말했다.

－아네, 현당이요! 있습니다!

그리고 그는 총알같이 달려가 현당 CD를 가져와 내밀었다.

－죄송합니다! 우리 직원이 잠시 오해한 것 갔습니다. 그런 손님들이 심심치 않게 찾아와서요.

－됐어요. 포장해 주세요.

나는 정가대로 값을 치루고 밖으로 나왔다.

정말이지 여자는 정말 모르는 듯싶었다.

집에 돌아오자 아내는 평소와 같이 음악을 틀어놓고 에어로빅을 하며 나를 맞았다.

－왔어요?

나는 대답도 하지 않고, 오디오 음악을 끈 다음 사온 가수 현당 CD로 갈아 끼웠다.

순간 아내가 다가서며 물었다.

—한잔 했수? 안 하시던 짓을 다하구….
나는 대답 대신 오디오 리모컨을 들고 소파에 깊숙이 기댔다. 아내가 이상하다는 듯이 다시 물었다.
—왜 그래요? 회사에서 무슨 안 좋은 일이라도 있었수?
역시 나는 아무 말도 하지 않고 리모컨의 플레이 버튼을 눌렀다. 그러자 전주와 함께 현당의 구성진 목소리가 울려 퍼졌다.

여자는 모르지~ 정말 모르지~ 남자가 왜 혼자~
술을 마시는지~ 여자는 모르지~ 정말 모르지~

그러자 묵묵히 듣고 있던 아내가 깔깔깔 웃으며 말했다.
—그러니까 이제 뮤지컬로 하시자고? 좋아, 그럼 그렇게 하자구.
하며 CD함을 뒤적거렸다.
나는 시위조로 볼륨으로 높였다. 간주가 끝난 2절이 우렁차게 울려 퍼졌다.

여자는 모르지~ 정말 모르지~ 남자의 침묵이~
무얼 말하는지~ 여자는 모르지~ 정말 모르지~
남자의 눈물이~ 얼마나 뜨거운지~

여자는 이별을 한 뒤에 울면서도 거울을 보지만
남자는 이별을 한 뒤에 바보처럼 가슴만 치네.
여자는 모르지~ 정말 모르지~
남자가 왜 혼자서 여행을 떠나는지~

그순간 아내는 고른 CD를 들고 일어서더니 노래가 끝나자마자 CD를 갈아 끼우고 볼륨을 높였다.
순간, 나는 말없이 꼬랑지를 내리고 안방으로 들어갔다.
아내가 선곡한 노래는 이러했다.

처음에 사랑할 때 그이는 씩씩한 남자였죠.~
밤하늘의 별도 달도 따주마~ 미더운 약속을 하더니~
이제는 달라졌어~ 그이는 나보고 다해 달래~

애기가 돼 버린 내 사랑 당신~ 정말 미워죽겠네~
남자는 여자를~ 정말로~ 귀찮게 하네.~
남자는 여자를~ 정말로~ 귀찮게 하네.~

아내는 이런 면에서는 정말로 한 수 위였다.
–깨갱! 깨갱!

기 도

가을하면 생각나는 통쾌한 추억이 있다.
어쩌면 이건 그동안 나의 쪽팔림을 보상 받은 것이기도 했다. 깊이 생각해 보면 남자답지 못한 보복심리이기도 했지만 그래도 흐뭇한 건 어쩔 수 없는 현상이었다.
가을이 한창 무르익는 어느 일요일 오후였다.
아내와 나는 여느 일요일과 마찬가지로 성당을 찾았다.
성당도 어김없이 가을이 찾아와 있었다. 단풍나무가 오색 옷을 갈아입고 있었다. 특히나 성모상은 이웃에서 넘어온 감나무가 굵은 감을 매단 채 우산처럼 드리우고 있어 운치를 더했다. 감은 홍시로써 먹음직스럽기 까지 했다. 기도를 마친 할머니가 감나무를 올려다보며 군침을 흘리시도록 탐스러웠다. 누구나 따고 싶을 정도로…. 그러나 감은 하나의 상처도 입지 않은 채 도도하게 익어가고 있었다. 그건 아마도 성모님이 지키시기 때문이 아닌가 싶었다. 개구쟁이들도 기도만 올리고 얌전히 성당 안으로 향하는 것 보니까…
우리도 다른 신자처럼 성모 마리아 상에 다다르자 성호를 그은 다음 성모경을 드렸다.
아내와 난 기도에서도 차이가 났다. 나는 간단히 묵상성 기도를 올리는 반면에 아내는 언제나처럼 유난성 기도를 올렸다. 성모상 앞에 무릎을 꿇고 무슨 말인가 연신 중얼거리며 고개를 조아렸다. 모르긴 해도 성모님께 뭔가 청탁을 하나 싶었다. 그렇다고 나무랄 수 없어 이때면 나는 멀찍이 떨어져 아내의 뒷모습을 보거나 주위를 둘러본다.
이때였다. 어디선가 한 줄기 센바람이 스치는가 싶더니 아내가 비명을 질렀다.
－아이고! 이거 어쩌면 좋아!
순간 나는 아내를 쳐다봤다.
－푸하하하!
나는 나도 모르게 배꼽잡고 웃고 말았다.
아… 아내가 글쎄 센바람에 떨어진 홍시에 얼굴을 맞아 홍시 마사지를 하고 있지 않는가? 그뿐만 아니었다.

머리에도 맞았는지 머리에 묽은 변 같은 감이 뭉겨져 흘러내렸다.
–푸하하하!
애써 웃음을 참으려했지만 그럴수록 웃음은 세기를 더했다. 입술을 깨물어봤지만 역시 허사였다.
거기다 아내의 한마디는 웃음을 더했다.
–누가 감을 주시렸나? 로또 일등 될 수 있는 번호의 감을 달랬지!
그러자 뒤이어 오던 신자들이 소리내어 웃었다. 나는 더 이상 두다가는 동네방네 쪽팔림을 당할 것 같아 손목을 잡고 성당 뒤꼍으로 끌었다. 뒷수습을 하기 위해서였다. 아내의 얼굴과 머리에 떨어진 감의 테러는 보기보다는 심각했다. 겉은 그런대로 뜯어냈지만 머릿속까지 파고든 감물은 어쩔 수 없어 화장실에 가서 씻어야 했다. 그래서 아내를 보며 말했다.
–화장실 가서 대충 지레 잡아!
그랬더니 아내 왈 "내 머리가 옷감이야, 지레 잡게!
그리고 속없이 머리를 긁적이더니 손끝을 핥으며 말했다.
–성모님이 주신 거라서 그런지 유난히 달다.
–뭐… 뭐야!

나는 너무도 어이가 없어 소리내어 웃고 말았다.
아내도 어이없는지 빙그레 웃었다.
그 웃음은 연애시절에 내가 반했던 그 웃음이었다.
순간 나는 나도 모르게 아내를 껴안았다.
아내의 머리에서 달콤한 홍시냄새가 났다. 이것도 어쩔 수 없는 천생연분의 우리의 사랑인가 싶었다.

아내와 물방개

가족 나들이는 행복이라지만 나에게 있어서는 고민이다.
물론 한 가족이 모처럼의 휴일을 맞아 가족애를
쌓는다는 건 좋지만… 그게… 그게… 좀…. 아무튼
가급적이면 피하고 싶은 게 가족 행사 중에 하나다.
그렇다고 외면할 수 없는 일이기에 참석하기는 하지만
불안의 연속이다. 아내는 이걸 아는지 모르는지 아내는
나들이에 맛을 들인 거 같다.
툭하면 나들이를 가잖다. 지 꼬락서니를 아는 건지?
아니면 미친 척하는 건지? 아무튼 보채면 가지 않을 수
없다. 교묘하게 아들녀석까지 동원해 설치면
나설 수밖에 없다.
그날도 마찬가지였다.

서울대공원에 가족나들이를 갔다. 10월초라 아직 단풍도 익지 않았는데 뭘 보자고 그러는지? 아무튼 아내는 새벽부터 김밥을 싸느라고 부산을 떨었고 날이 밝아서는 할인매점에 달려가서 음료수 등을 사와 나의 등에 지워주었다.
우리가 대공원에 도착한 것은 점심시간이 임박한 시간이었다. 아침부터 서두르기는 했지만 아내의 치장시간이 지체하게 만든 것이다. 장시간 화장을 한 것도 부족해 삼순이 패션쇼는 나를 짜증나게 했다.
－자기야, 이건 어때?
처음에는 조금은 진지하게 받아주었다.
－어울려.
하지만 연속되는 물음에는 나도 모르게 짜증이 나 소리쳤다.
－니 지금 선보러 가냐?! 아무거나 걸쳐!
그러나 아내는 아랑곳없이 입었다 벗었다를 반복했다. 그리고 나의 표정을 살피더니 특유의 공격을 했다.
－도대체 입고 나갈 옷이 있어야 말이지…. 내 친구 순자는 자기 남편이 알아서 철마다 한 벌 뽑아준다고 하드만…. 난 무슨 팔자가 이래, 거지 발싸개만 뒤적여야 하는 거야!

하며 거칠게 옷가지를 내던졌다. 이때면 슬그머니 자리를 피해버린다. 맞섰다가는 무슨 원망을 더 들어야 할지 몰라서다. 그러다보면 제 풀에 지쳐 나오기 마련이니까. 그 작전은 그날도 주효했다.

한 30분이 지나자 드디어 아내가 등장했다.

순간 어찌나 가관인지… 웃음도 나오지 않았다.

하지만 티를 내지 않고 갈 길을 재촉했다.

공원은 예상외로 붐볐다. 보아하니 나를 닮은 사람들이었다. 나는 입장권을 끊기 전에 코스부터 정하기로 했다. 왜냐하면 이곳저곳 기웃거리다보면 더없이 피곤할 테니까. 나는 아내와 아들녀석을 안내도 앞으로 인도한 다음 조교처럼 열심히 설명했다.

–들어가자마자 동물원으로 직행해 동물들을 본 다음 그 다음은 놀이기구 두 개만 타고 귀가한다. 알겠습니까?!

–네!!

아내와 아들녀석은 큰소리로 대답했다. 그래서 나는 일단 안심하고 표를 사러 갔다. 가면서 사람들이 붐비니 이 안내판을 벗어나지 말라는 당부도 잊지 않았다.

줄은 예상 외로 길었다. 나는 내 차례가 오기만을 기다려 표를 샀다. 그리고 곧바로 아내와 아들녀석이

진을 치고 있을 안내판으로 향했다.
그런데 이게 웬일인가? 그 자리를 지키고 있어야 할 아내와 동철이가 보이지 않았다.
그래서 사방을 두리번거리는 데 어디선가 아내의 큰소리가 들렸다.
-아저씨! 이건 저 녀석 문제지! 어째서 나 때문이라는 거예요!
-그래도 이 아줌마가!
순간 나는 사건을 짐작하고 현장으로 달려갔다.
가관이었다. 이걸 뭐라고 표현해야 할지…. 현장은 이러했다. 칸이 나누어진 양철 광주리 가장자리에 놓여 있는 상품을…. 물방개를 넣어서 찾아들어가는 곳에 상품을 가져가는 일명 물방개 경품 따기였다. 그런데 아내가 이의를 제기한 것이다. 두 번을 했는데도 꽝이 나온다는 것은 뭔가 장치를 했기 때문이라는 거다. 다시 말해 고가의 상품이 걸린 곳에 특수약품을 바르거나 물방개 눈에 뭔가를 묻혀 꽝 쪽으로 가게 만든 것 같으니 닦고 정정당당하게 하자는 거였단다.
그러자 아저씨는 처음에는 버티며 그런 사람 아니라고 항의했단다. 하지만 주위의 사람들이 의심스러워하자 마지못해 그렇게 하라고 했다는 것이다. 그러자 아내는 핸드백에서 손수건을 꺼내 고가의 상품이 걸려 있는 쪽을 닦고, 또한 물방개를 움켜쥐고 눈을 닦은 다음 재도전을 했단다.

그런데 결과는 마찬가지로 꽝 이었단다.

그런데 문제가 생긴 것이 물방개를 닦을 때 너무 힘을 주어 닦는 바람에 물방개가 시력을 잃고 헤매는 데다 또한 다리에 골절상을 입었는지 헤엄을 잘 치지 못하니 변상을 하라는 거다.

그것도 싸게 해서 오천 원만 내라는 것이었다.

그러나 아내는 그건 아저씨가 그동안 물방개를 혹사 시켰기 때문이라며 맞섰다. 그리고 더 이상 변상을 요구하면 동물 학대죄로 고발하겠다며 윽박질렀다.

60대로 보이는 아저씨는 너무도 어이가 없는지 담배를 피워 물었다.

–아이고, 인물! 그새를 못 참아 또 사고를 치냐!

나는 두말도 하지 않고 물방개 주인에게 오천 원짜리를 내밀고 아내의 손목을 끌었다. 그러자 아내가 나의 손을 뿌리치며 아저씨에게 말했다.

–아저씨! 꽝으로 주는 쫄쫄이 주세요!

그러자 아저씨는 어이없는 표정을 지으며 자그만 상자에서 쫄쫄이 두 개를 내밀었다.

—옜소!!

아내는 낚아채듯 받아 하나는 동철이에게 내밀고 하나는 자신의 입으로 가져갔다.

그리고 몇 번인가 옴지락거리더니….

—아이고 구워달라는 걸 깜박했네!

하며 다시 아저씨 쪽으로 발길을 돌리려는 걸 나는 손목에 힘을 주어 입구 쪽으로 내달렸다.

그러나 아내는 아랑곳없이 투덜거렸다.

—그래야 불량식품의 맛이 제대로 나는데!

—아이고… 아이고….

마누라는 정말로 용감했다. 누가 대한민국의 아줌마 아니랄까 봐….

아내와 금붕어

이왕 곤충이야기가 나왔으니 한 가지 더하자면 또 기막힌 사건이 있다. 그건 물방개가 아닌 애완용 물고기 금붕어지만 이 사건 또한 너무도 황당해 그냥 지나칠 수가 없어서 덧붙일까 한다.

집에서 나의 유일한 취미는 금붕어 키우기다. 비록 어항이라는 작은 공간이기는 하지만 유유자작하게 노니는 금붕어를 보면 그나마 마음이 안정되기 때문이다. 가끔 물갈이 해주는 게 귀찮기는 하지만 금붕어의 촉감을 느낄 수 있다는 게 좋아 취미가 되어버린 듯싶다. 그래서 유난히 정성을 다했든가 싶다.

아내는 이런 나를 보고 노골적으로 불만을 토하곤 했다.

–그런 정성으로 나를 대하면 얼마나 좋아.

그때면 나는 이렇게 맞받아친다.
–지금 금붕어한테 질투하는 거야!
그러면 아내는 "뭐야!" 하며 눈을 흘긴다.
그 모습이 귀엽다. 그래선지 금붕어에 유난을 떠는지도 모른다. 그런데 문제가 있다. 내가 집에 있을 때는 별문제지만 내가 장기출장을 갈 때가 문제다. 물갈이를 해줘야하는데 적당히 맡길 사람이 없어서다.
아내가 있긴 하지만 뭘 기르는 데는 젬병이라 사고를 치지 않을까 싶어서다.
그날도 마찬가지였다.
지방출장 명령을 받은 나는 고민이 앞을 가렸다. 출장을 미리 알았으면 갈아주고 가면 되는데 갑자기 떨어진 명령이고 보니 그럴 수가 없었기 때문이었다.
그래서 고민하는데 아내가 물었다.
–왜 그래, 지금 당장 가야 한다면서?
–그… 그게 말이야.
–뭘….
–출장 가는 동안 연애편지라도 올 곳이 있어?
–무슨 소리야!
아내는 뭉그적거리는 나를 보고 비아냥거렸다. 더 이상 망설일 시간이 없었다.

그래서 하는 수 없이 아내에게 말했다.
—저기 있지, 오늘이 금붕어 물갈이하는 날인데….
당신이 좀 갈아주면 안 될까?
그러자 아내가 흔쾌히 대답했다.
—그러지 뭐. 어떻게 하면 되는데?
—간단해. 내가 조금 전에 광주리에 물을 받아 처리해 놓았으니까 그걸로 갈아주면 돼.
—그래, 알았어. 염려 말고 다녀와.
아내는 자신 있게 소리쳤다. 그 소리가 얼마나 박력이 있던지. 나는 안심하고 집을 나섰다.
그러나 일은 순조롭지 않았다. KTX를 타기 위해 서울역으로 향하는데 회사로부터 긴급 전화가 왔다.
내일 물류창고에 물건이 들어오기로 했으니 출장을 보류하고….
오늘은 집에서 푹 쉬고 내일 출근하라는 것이었다.
그래서 나는 집으로 다시 향했다. 집에 들어서자 아내는 헤드폰을 낀 채 소파에 기대앉아 음악감상을 하고 있었다. 내가 가까이 다가섰을 때서야 인기척을 느낀 아내가 나를 보고 소리쳤다.
—웬일이야? 뭐 잊은 것 있어?
—아니, 출장이 내일로 미루어졌어.

하며 나는 겉옷을 벗어 던졌다.

아내가 옷깃을 여미며 말했다.

－이거 왜 그래? 대낮부터….

－그게 아니라 금붕어 물 갈아주려고….

그러자 아내가 빙그레 웃으며 말했다.

－그거라면 푹 쉬어.

－푹 쉬라니?

－그렇게 머리가 안 돌아가요? 이미 갈아줬다는 거지.

하며 여유 만만한 표정을 지었다.

－뭐야!

도무지 믿어지지 않았다. 한번 일을 시키면 이 핑계 저 핑계로 일관하던 위인이 벌써 처리했다니 말이다.

그래서 나는 확인차 물었다.

－어딨어!

－저기!

아내는 의기양양한 표정을 지으며 탁자를 가리켰다.

나는 탁자로 다가갔다. 순간 나는 너무도 처참한 상황에 바닥에 털썩 주저앉았다. 그건, 깨끗한 물 속을 헤집고 다녀야 할 금붕어가 옆으로 누운 채 물에 떠 있었기 때문이었다.

－이거 왜 그래?

그러자 아내가 마지못해 다가서며 물었다.

–뭘?

–금붕어가 왜 그러냐고? 그렇게 팔팔하던 금붕어가?

그러자 아내도 뭔가 이상하다는 듯이 말했다.

–글쎄 얘가 왜 이러지. 목욕하느라고 피곤했나.

순간 난 아내의 사고를 직감하고 다그쳤다.

–너 금붕어한테 무슨 짓을 한거야?

–내가 뭘 어쨌다고!

–그러면 이 금붕어가 왜 그러냐고!

그러자 아내가 어처구니없는 변명을 했다.

–무슨 짓을 하긴 무슨 짓을 해! 당신이 갈아주라는 물이 너무도 탁해 버리고 수돗물로 바꾸어 줬지!

–뭐… 뭐야! 수돗물을!

순간 나는 너무도 기가 막혀 소리쳤다. 염소와 불소를 중화시키는 중화제 타 정화시킨 물을 버렸다니 말이다. 그러나 아내는 참 잘했지! 라는 투로 우쭐거리며 말했다.

–잘했지?!

순간 나는 너무도 기가 막혀 소리쳤다.

–뭐야! 띨방아!

그러자 아내는 뜻밖이라는 듯이 노려보며 대들었다.

—뭐야! 띨방!!
—그럼, 띨방이 아니고 뭐야! 기본도 모르는 여잔데!
그리고 틈을 주지 않고 몰아 세웠다.
—너 이제! 어떻게 할 거야! 살려내!
그러자 아내는 당황한 표정을 짓더니 이내 표정을 바꾸고 강경책으로 선회했다.
—살려내라니?! 이미 죽은 것을 어떻게 하라는 거야! 인공호흡이라도 하라는 거야! 이 한심한 인간아!
순간 나는 너무도 기가 막혀 할말을 잃고 말았다. 지가 뭘 잘했다고 나더러 한심한 인간이라니 말이다.
—이걸 그냥!
나도 모르게 손을 쳐들고 말았다.
그러나 아내는 조금도 물러서지 않고 밀어 붙였다.
—일개 미물 때문에 사람을 치겠다고! 그래 마누라보다 더 소중하면 얼마든지 쳐! 쳐!
하며 머리를 들이밀었다. 또 나의 반응에 따라 허리우드 액션을 선보일 참이었다. 그래서 잠시 망설이는데 동철이가 문을 열고 들어왔다.
그러자 아내는 그동안 무슨 일이 있었냐는 듯이….
—아이고 내 귀염둥이 왔니! 배고프지 가자! 엄마가 떡볶이 쏠게!

하며 부리나케 동철이 손을 끌고 나갔다.

－아이고, 저걸… 저걸….

나는 그저 가슴만 치고, 붕어의 시신을 화단에 묻었다.

그리고 결심했다.

이제는 다시 금붕어를 키우지 않겠다고….

잠시 후 돌아온 아내의 손에는 먹음직스러운 붕어빵이 들려 있었다. 그리고 아내는 태연스럽게 말했다.

－여보! 한 마리 줄까?

나는 너무도 기가 막혀 소리내어 웃고 말았다.

아내도 따라 웃었다. 무슨 뜻인지도 모르는 동철이도 덩달아 웃었다.

순간 아이러니하게 마음이 풀렸다.

아내가 더 무서워!

동물 이야기가 나왔으니 한 가지만 더 하겠다.
이건 대한민국의 아줌마인 아내의 무용담이다.
그 누가 말했던가? 말을 했던가? 대한민국의 아줌마는 버스보다 빠르다고? 그건 그만큼 용감하다는 것을 단적으로 표현한 것일 것이다.
아내가 그랬다.
날짜는 정확히 기억은 나지 않지만 아마도 낙엽이 휘날리는 가을이었을 것이다. 주말 오후였는데 외사촌 형으로부터 전화가 왔다. 서울로 이사를 왔으니 놀러오라는 것이다. 무슨 일이 있어도 고향을 지키겠다는 형이 무슨 바람이 불어선지 몰라도….
짐작컨대, 직장 때문이 아닌가 싶다.

나는 아내와 같이 가겠다며 끊었다. 생각 같아서는 바쁘다는 핑계를 대고 쉬고 싶었지만 친척이다 보니 그럴 수 없어 승낙을 한 것이다. 나는 저녁이나 한 끼하고 돌아올 양으로 아내에게 외출을 재촉했다.

아내는 내일 가자며 늑장을 피우려했다.

그러나 나는 내일 할일이 있다며 재촉했다.

그러자 아내도 별 수 없는지 외출준비를 서둘렀다.

우리는 형이 알려준 주소대로 봉천동행 버스에 올랐다.

봉천동에 도착한 우리는 형의 주소를 찾기 시작했다.

그러나 결코 쉽지 않았다. 몇 년 전인가 친구가 그곳에 살아, 언젠가 한번 와 보기는 했지만 그동안 많은 개발로 번지수마저 찾기 힘들었다. 이곳이다 싶어 찾아가면 그곳은 엉뚱한 번지였다.

그래서 나는 아내를 보며 말했다.

－아무래도 안 되겠어. 형한테 전화해서 물어봐야지.

그러자 아내가 나를 흘겨보더니 말했다.

－서울서 오래 살았다면서 그것도 몰라? 하면 어쩌려고?

－그래도 그렇지. 이 헛갈리는 골목길에서 어떻게 찾아.

하며 아내를 쳐다봤다. 그러나 아내는 태평하게 말했다.

－그건 걱정 마. 내가 찾을 테니까.

－찾을 수 있겠어.

나는 아내의 눈치를 살피며 말했다.

–그럼, 나 길눈 밝은 거 몰라서 그래?

–그거야 알지만, 하지만….

–됐어! 나만 따라오라고….

그리고 아내는 나에 손에서 주소를 빼앗더니 앞장섰다.

나는 똥마려운 강아지처럼 아내의 뒤를 따랐다.

잠시 후 아내가 발길을 멈추고 나를 돌아봤다.

–벌써 다온 거야?

나는 아내의 표정을 살피며 말했다. 그러자 아내는 약간 초조한 빛을 띄우며 말했다.

–번지수대로라면 이 지점일 텐데….

아내는 말끝을 흐리고 주위를 둘러보았다.

작은 삼거리였다. 순간 누군가의 노래가 생각났다.

이리 갈까? 저리 갈까? 아니면 뒤돌아 갈까? 세 갈래길 삼거리에 한숨만 나온다.~ 아내도 그런지 뭔가 골몰히 생각했다. 순간 나는 장난기가 떠올라 비아냥거렸다.

–왜 그래, 길눈이 밝다면서?

그러자 아내는 비장한 표정을 짓더니 큰소리쳤다.

–그래! 모 아니면 도야!

그리고 이어서 손바닥에 침을 뱉더니 집게로 쳤다. 순간 침이 왼쪽으로 튕겼다. 그러자 아내가 앞장서며 말했다.

—이쪽으로 가자고!
—뭐야!
너무도 어이가 없었지만 하는 수 없어 아내의 뒤를 따랐다. 그러나 거긴 막다른 골목이었다.
그러자 아내가 야릇한 표정을 짓더니 말했다.
—이상하다. 그럼 저 길인가?
하며 골목을 나와 다른 길로 접어들었다.
나는 너무도 어이가 없어 소리쳤다.
—너 지금 똥개 훈련시키려고 이러는 거지?
그러나 아내는 묵묵히 골목을 파고들었다. 그러나 그곳도 막다른 골목이었다. 순간 화가 치밀었다.
—너 정말!
그러나 아내는 묵묵히 또다시 골목을 나와 마지막 골목으로 뛰어 들어갔다. 나는 화가 치밀었지만 하는 수 없이 뒤따랐다. 3분 1의 확률이니까.
하지만 그곳 역시 막다른 골목이었다.
—너 정말!
하지만 그곳은 마음대로 돌아설 수 없는 지옥의 관문 같은 곳이었다. 우렁찬 개소리와 함께 막다른 골목집 문이 거칠게 열리면서 송아지만한 똥개가 달려들었다. 순간, 나는 주위에 나뒹굴고 있는 각목을 쳐들어

똥개에게 휘둘렀다.
그러나 똥개는 조금도 물러설 기미를 보이지 않고 공격 자세를 취했다. 그야말로 진퇴양난이었다.
저 괴물이 순순히 물러서야 뒤돌아 나갈 텐데 노려보고 있으니 말이다. 그래서 전전긍긍하고 있는데 아내가 비장한 목소리로 말했다.
—자기야 엄호해! 내가 퇴치할 테니!
그래서 각목에 힘을 주어 아내를 엄호했다. 그러자 아내가 갑자기 땅에 엎드려 변견과 키를 맞추더니 이내 변견을 노려봤다.
—너 지금 뭐하는 거니!
나는 너무도 어이가 없어 아내를 보며 소리쳤다. 그러나 아내는 아랑곳없이 변견과 눈을 맞추며 으르렁거렸다.
이러기를 일이 분 믿기 어려운 기적이 일어났다. 변견이 글쎄… 똥개가 글쎄…. 언제 으르렁거렸느냐 싶게 꼬랑지를 내리더니 이내 돌아서 들어가 버렸다.
한마디로 오리지널 깨갱이었다.
그러자 아내가 옷을 털고 일어나며 말했다.
—자기야! 다친데 없지. 가자!
그리고 앞장섰다. 순간 말문이 탁 막혔다.
이런 시추에이션을 뭐라고 표현해야 할지….

애써 표현한다면 아내가 더 무섭다는 거였다.
골목을 나오자 아내가 말했다.
—자기야! 형한테 전화해!
나는 어리벙벙한 표정으로 핸드폰을 꺼내 걸었다. 형이 받았다. 지금 있는 곳을 말하자 형이 나오겠다고 했다. 나는 전화를 끊고 무서운 아내 옆에 서서
눈치만 보았다.
이때 사촌 형이 다가오며 나를 불렀다.
—진우야! 진우야! 여기야!
형이 나를 부르며 나오는 곳은 놀랍게도 아내가 침을 튀겨 파고든 첫 번째 골목이었다.
—우아!
아내는 정말로 대단한 여자였다. 아니 무서운 여자였다. 그래도 한편으로 마음이 든든했다.

잔머리

우리는 흔히 궁여지책으로 일관하는 사람더러 잔머리를 굴린다는 말을 한다.
이건 어찌 말하면 재치가 있다는 얘기도 된다. 하지만 속이 보였을 때는 그 사람이 실없이 보인다.
그래서 철저히 상대방의 눈치를 보며 굴려야 한다.
아내는 그걸 아는 지? 모르는지? 아내는 틈만 나면 잔머리를 굴린다. 그래도 실없이 보이지 않는 것은 그 자체가 귀엽기 때문이 아닌가 싶다.
그날도 그랬다. 그러니까 이 아파트로 이사오기 전인 3년 전 초겨울. 아내와 나는 모처럼의 휴일을 맞아 단독주택 툇마루에 앉아 해바라기를 하고 있었다.
햇볕이 좋아서가 아니다. 아내의 절약정신이 그런

시추에이션을 만든 것이다. 가스비를 아끼자는 취지에서다. 나는 보일러를 세게 틀어놓고 허리를 지지고 싶은데… 아내는 막무가내였다. 어떻든 밖으로 끌려나온 나는 햇살에 이리저리 몸을 구웠다.
이럴 때 누군가 찾아와 주면 방으로 데리고 들어가 이 군상은 지울 수 있을 텐데…. 어찌된 일인지 그 누구도 찾아오지 않았다. 이러기를 한두 시간. 언제까지나 열릴 것 같지 않던 대문이 활짝 열렸다.
순간 나의 귓전에 베토벤의 환희의 송가가 울려퍼지는 듯했다. 그리고 반가운 그 목소리.
–형부!
처제였다. 처제는 여섯 살짜리 조카녀석의 손을 잡고 들어섰다. 이어서 동서가 한 손에 맥주가 담긴 봉투와 또 하나는 보자기로 싼 것을 들었는데, 그건 보나마나 떡이 아닌가 싶었다. 그 예언은 정확했다.
안방에 들어서자마자 처제가 문제의 보따리를 아내에게 건네며 말했다.
–언니가 좋아하는 인절미야!
순간 아내의 눈이 번쩍 빛났다. 아내는 그만큼 떡을 좋아했다. 오죽했으면 장인어른이 떡 방앗간 아들한테 시집보내려고 했다고 할 정도였다.

그대신시 연애시설에 경비를 절감하는 효과도 있었다.
입술을 트자(키스) 아내가 스스럼없이 말했다.

– 진우씨! 우리 이제 다방에 그만가고 저기 시장에서 떡 사가지고 공원으로 가요.

그리고 아내는 나의 손을 끌더니 능숙하게 시장통으로 들어섰다. 아내는 한동안 두리번거리더니 떡집을 발견하고 무시루떡과 인절미를 샀다. 그리고 친절하게 설명까지 했다. 무시루떡은 목이 메지 않으니 좋고, 인절미는 속이 든든해서 좋다는 거였다.

그리고 음료는 식혜를 샀다. 그야말로 토종 식성이었다.
처음에는 나는 속도 모르고 이 여자가 정말로 가정적이구나 싶어 먼저 선본 양식 스타일의 양순이를 내치고 찍기를 잘했구나 생각했다. 하지만 이것이 반복되자 이 여자의 기호식품이 떡이라는 사실을 알고 놀랐다. 그러나 싫지 않았다. 떡 먹는 모습이 너무도 사랑스러웠으니까.

하지만 그 기분은 오래가지 못했다. 노인네들처럼 공원 벤치에 앉아 떡 하나 들고 "자기야, 아!" 하며 행복놀이하는 것까지는 그런대로 좋았다. 그런데 아내가 갑자기 가슴을 치며 괴로워했다. 나는 너무도 놀라 아내를 들쳐업고 인근 병원으로 향했다.

그러자 아내가 등을 두들기며 말했다.

—저… 저기!

아내가 가리킨 곳은 병원이 아니라 두 노인네가 떡 사랑을 주고받고 있는 벤치였다. 나는 영문을 몰라 쳐다봤다.

그러나 아내가 막무가내로 가리켜 노인 앞에 내려놨다.

그러자 할머니가 아내의 얼굴을 쓱 보시더니 한 말씀 하셨다.

—떡 먹고 체했구먼!

아내는 고개를 끄덕였다.

그러자 할머니는 낡은 가방에서 바늘을 꺼내시더니 머리에 쓱 문지르셨다. 그리고 아내의 엄지손가락을 잡아끌더니 손톱 윗부분을 땄다. 순간 아내가 안도의 한숨을 쉬었다. 정말로 기적 같았다. 그래서 할머니께 몇 번이고 고개를 조아리고 아내를 부축했다.

그러자 아내가 살며시 말했다.

—우! 떡 봉지 안 챙겼어요. 빨리 가서 가져와요!

—뭐…뭐야!

이 정도로 아내는 떡에 대한 집착이 심했다.

그런데 또 떡이라니? 나는 아내를 보며 말했다.

—많이 먹지 마!

옆문 보든 처제가 먹는 것 가지고 그러냐고 눈치를 주었지만, 나는 무시하고 진지하게 말했다.

－세 개만 먹어!

그러자, 아내도 그날의 실수를 떠올리는지 고개를 끄덕였다. 그리고 정말로 세 개밖에 먹지 않았다. 나는 안심하고 동서와 맥주잔을 비웠다. 이러기를 십분…. 어디선가 산수 공부하는 소리가 났다. 둘러보니 아내가 조카에게 덧셈 뺄셈을 가리키고 있었다. 먼저 덧셈….

－보람아! 여기 떡이 두 개 있지. 여기에 하나 더하면 몇 개지?

그러자, 조카가 소리쳤다.

－세 개!

－아주 잘했어요!

하며 아내는 조카의 머리를 쓰다듬었다. 그리고 이어서,

－그럼 이제 뺄셈을 공부하겠어요!

이게 음모였다. 다시 말해 잔머리였다.

그러나 아내는 천연덕스럽게 지도를 했다.

－보람아! 여기 떡이 세 개 있는데 여기서 하나 빼면 몇 개 남지?

하며 재빨리 떡 하나를 들더니 입에 넣고 옴지락거렸다.

그러나 조카는 눈치를 못 채고 소리쳤다.

–두 개!

그러자 아내는 오버성의 칭찬을 하며 다음 문제를 서둘러 댔다.

–그럼 여기서 하나를 더 빼면?

–한 개!

–그리고 또 하나를 더 빼면?

–아무 것도 없어! 이모가 다 먹어 버려서!

그 순간 아내가 비시시 웃으며 말했다.

–참 잘했어요!

–허허허….

이…이걸 뭐라고 해야 할지…. 나는 못본 척 동서와 술잔을 기울였다. 아내도 이런 나의 표정을 읽었는지 슬그머니 일어나 밖으로 나갔다. 귀여웠다.

그 모습이 정말로 귀여웠다. 재롱둥이 같으니라고….

어설픈 위로

위로도 독이 될 때가 있다. 위로란? 말 그대로 상대방의 마음을 풀어주는 것인데, 그게 상대방의 상황에 맞지 않을 때는 되레 독이 되는 것이다.

그날의 상황이 그랬다. 퇴근길이었다. 동료들이 한 잔하자는 걸 뿌리치고 집골목 어귀에 들어서는데 어디선가 싸우는 소리가 들렸다.

-그러니까 당신 남편이 낫다는 거야!

-그야, 온 동네사람들이 다 아는 거지!

-뭐야! 이 여편네가!

-뭐야! 여편네!

두 사람은 급기야 머리채를 잡았다. 순간 나는 심각성을 느끼고 현장을 눈여겨 살폈다. 평소 때 같으면 부리나케 자리를 피하는데…. 목소리가 너무도 귀에 익었기 때문이었다. 아내였다. 싸움의 당사자는 그야말로 못 말리는 나의 와이프였다.

– 누가 오지랖이 넓지 않다고 할까봐…. 이제 동네까지 진출해서 저 난리야! 가자! 가자!

나는 너무도 기가 막혀 후닥닥 다가가 아내의 손목을 끌었다. 그러나 아내는 나의 손을 뿌리치며 말했다.

– 이거 왜 그래! 내가 뭘 어쨌는데! 저 여편네가 혼자서 초치고 포치고 지랄한 거라고!

– 뭐야! 지랄!!

애써 가쁜 숨을 가다듬던 아줌마가 또다시 달려들었다.

나는 재빨리 막아서며 아내에게 소리쳤다.

– 너 정말 집에 안 가고! 동네방네 창피줄 거야!

그러자 아내가 억울하다는 듯이 소리쳤다.

– 글쎄 난 저 여편네가…. 자기 남편이 경찰 불시검문에 걸려 파출소에서 찾아오는 길이라 해서… 위로해 줬더니 저 난리 브루스라고!

– 뭐라고 했는데?

나는 너무도 어이가 없어 물었다.

그러자 아줌마가 씩씩거리며 말했다.

– 그것도 위로냐! 인상 더러운 남편 만나 사는 것도 다

운명이니 나더러 이해하고 살라는 것이!
－그럼, 그게 위로 아니고 뭐야!
－그래 그런 너는 꼴뚜기 같이 생긴 인간 만나서 좋겠다.
－뭐야! 꼴뚜기!
순식간에 나는 꼴뚜기가 되고 말았다. 참을 수 없었다.
그렇다면 내가 어물전 망신을 시키는 존재란 말인가?
그렇다고 여자랑 싸울 수 없어 아내의 손목을 끌었다.
어쩌면 지금 이 순간, 온 동네 망신을 시키고 있으니까.
그러나 아내는 달랐다. 금방이라도 나불대는 아줌마의 비겁한 입술에 한방 치려는 듯 날뛰었다.
그러나 나는 기를 쓰고 막으며 아내의 손목을 끌었다.
생각 같아서는 슬그머니 놔두고 싶었지만 인상이 더럽다는 저 여자의 남편을 의식 안할 수 없어 집으로만 전진했다.
집에 도착하자 아내는 내 손을 뿌리치며 말했다.
－당신은 배알도 없어!
순간 나는 빙그레 웃으며 말했다.
－그래, 꼴뚜기니까.
그러자 아내도 빙그레 웃으며 말했다.
－그래, 그럼. 꼴뚜기 젓 사왔으니까 비벼먹자!

– 뭐야!

나는 끝내 화를 내지 못하고 빙그레 웃고 말았다.

아내는 이런 나의 마음을 아는지 모르는지, 시장에서 사온 꼴뚜기젓을 예쁜 그릇에 옮겨 담고 있었다.

예상외로 그 모습도 사랑스러웠다.

재산 목록

결혼생활에 연륜이 쌓이면 쌓일수록 어색한 게 있다.
그건 잠자리에 들기 전에 문제다.
신혼 초 같으면 무조건 대시하면 그만이지만… 연륜이 쌓이면 은근히 조심스러워진다. 어설프게 대시했다가 "지금 뭐하는 거야?"라는 소리라도 들을 작시면 요즘 말로 쪽팔려지기 때문이다. 그렇다고 머뭇거리면 아내의 푸념이 날 작게 만들기 때문이다.
–철이네 아빠는 귀찮게 안아준다고 하던데….
그런다고 "알았어!" 하며 쓰러뜨리기 뭐하기 때문이다.
그래서 나는 아내의 눈치를 살피며 행동을 한다.
아내가 뭔가를 갈망하는 눈치를 보이면 사랑과 정성을 다하고, 그렇지 않으면 일찌감치 잠자리에 든다. 하지만

이 방법도 나이가 들면서 헷갈리기 시작했다.
알 수 없는 변덕형으로 바뀌고 있었기 때문이다.
잘못 읽고 달려들 작시면 아내는 어김없이
"야동봤어?"라며 거칠게 밀어내기 때문이다. 그렇다고
처분만 바라고 있을 수 없어 요즘은 크고 작은 이야기를
나누며 자연스럽게 엮이기를 빈다. 그러나 아내와의
대화는 거의가 영양가 없는 이야기라 나도 몰래
자장가가 되어 버린다.
–슬기네, 애완견을 샀는데 이름을 글쎄 춘삼이라고
지었데. 촌스럽지?
–가람이 엄마 있지. 쌍꺼풀 수술을 했다고 자랑하던데
그 얼굴에 햇살이더라.
–진수네 엄마는 남편이 모피코트 사줬는데, 자그마치
350만원이래!
–슬기 엄마가 그러는데 다애 엄마는 글쎄 지금껏
어디고 줄을 서 본 적이 없데….
–나는 그런 사람들 보면 이해가 안 돼…. 왜들 그
모양으로 사는지….
그러면 나는 꿈속에서라도 이 말만 되풀이한다.
–너나 잘하세요!
그러나 그날 밤은 달랐다. 통장정리를 하던 아내가 나를

보며 코밍밍한 소리를 내며 말했다.

－자기야!

－응!

그때 나는 얼마 전에 어렵게 장만한 LCD 칼라 TV를 보고 있었다. 각국에 미녀들이 나와 수다를 떠는 프로그램이었는데 흥미가 있어서 TV에 눈을 둔 채 대답했다. 그러자 아내가 갑자기 TV를 막아서며 물었다.

－자기 재산목록 1위는 뭐야?

순간 나는 나도 모르게 소리쳤다.

－컬러텔레비전!

그러자 아내가 매우 실망한 눈빛으로 소리쳤다.

－뭐… 뭐야! 컬러텔레비전!

그리고 그녀는 한숨과 함께 토라져 버렸다. 순간 나는 뭐가 잘못 됐음을 직감하고 조심스럽게 물었다.

－다…당신 왜 그래… 내가 뭘 잘못했나?

그러자 아내는 한숨과 함께 울먹이며 말했다.

－그러니까 내가 저 칼라텔레비전보다 못하다 이 말이지! 난 그것도 모르고… 사랑과 정성을 다했으니…. 내가 미친년이지….

하며 특기인 허리우드 액션을 쉬지 않았다.

눈물을 흘리는데 이건 예삿일이 아니었다.

그래서 나는 전전긍긍하며 해결책을 찾았다. 순간 기가 막힌 말이 떠올랐다. 나는 애써 목소리를 깔며 말했다.

ㅡ겨우 그것 때문에 그래!

ㅡ뭐야! 겨우 그것?!

아내는 나를 노려봤다. 그러나 나는 초지일관 목소리를 깔며 말했다.

ㅡ그럼 그렇고 말고! 당신은 특호(特號)니까!

그러자 아내가 금세 표정을 바꾸며 말했다.

ㅡ정말!

ㅡ그럼! 귀중한 당신을 순위에 넣기 그래서 난 당신을 언제나 특호라고 생각해!

순간 아내는 감동을 먹었는지 나의 품에 안기며 소리쳤다.

ㅡ여보! 사랑해!

나는 이런 아내를 힘껏 껴안아 주었다. 그러나 그 약발은 오래가지 않았다. 무슨 해몽을 했는지 몰라도 아내는 틈만 나면 칼라텔레비전을 들먹였다. 이런 것을 보면, 말이란 건 신중에 신중을 기해야하지 않나 싶다. 그러나 한 가지 확실한 것은 정말이지… 아내는 하찮은 순위로 들먹일 수 없는 가보(家寶)가 아닌가 싶다. 그렇다. 그녀는 나의 영원한 길동무니까….

썰매

못 말리는 아내도 가끔은 우울해 할 때가 있다. 이때면 왠지 불안해진다. 그런 게 있지 않는가? 평소에 화를 내지 않는 사람이 화를 내면 무섭다는 말 말이다.
이때는 사태를 서둘러 파악해 대처해야 한다.
그날의 아내도 그랬다. 웬일인지 몰라도 눈 내리는 창가를 보면서 침묵에 잠겨 있었다.
－이 여자가 웬일이지? 잠시도 가만히 못 있는 사람이….
나는 이런 아내가 궁금해 이리저리 살피며 은근히 말을 걸었다.
－눈을 보니까 떡가루가 생각나? 떡 사줄까?
그러나 아내는 여전히 침묵으로 일관하며 눈을

바라보고 있었다. 이밖에도 여러 가지 질문을 던졌지만 여전히 침묵으로 일관했다. 그래서 마지막 카드로 숨겨 놓았던 비장의 말을 던졌다.

－휴가도 얻었고 하니 우리 여행갈까?

강원도 눈썰매장으로!

그 순간 아내의 눈이 번쩍 뜨이더니 "그래! 가자! 지금 당장!" 그리고 후다닥 안방으로 뛰어 들어갔다.

그렇다면 지금껏 모두가 작전 퍽이었다는 말이야? 약간 사기당한 기분이 들기는 했지만 한번쯤 갔다 오는 것도 기분 전환으로 좋을 것 같아 갈 길을 서둘렀다. 아내는 평소답지 않게 완전무장을 하고 나와 소리쳤다.

－이만하면 눈밭에 굴러도 끄떡없겠지?

－그래, 하지만 구르지는 마. 눈사람 되니까.

나는 은근히 비꼬면서 차를 점검했다.

그러나 아내는 아랑곳없이 동철이 방으로 뛰어가 동철이를 무장 시켜 나왔다.

우리는 하얀 나라를 향해 떠났다. 하얀 나라 초입에 들어서자 눈에 길이 막혀 더 이상 파고든다는 게 무리였다. 그래서 우리는 가까운 눈썰매장을 찾았다. 근처 스키장으로 갈까도 했지만 문외한들이라 이곳이 제격이라 싶어서다.

눈썰매장은 생각 외로 만원이었다. 우리는 요금을 지불하고 각자 플라스틱 썰매를 지급 받은 다음 눈 언덕을 올랐다. 먼저 동철이가 능숙하게 플라스틱 눈썰매에 오르더니 쌩하게 질주했다.

–우아아아! 파이팅!

나는 다음 타자로 아내를 지목하고 눈치를 보냈다. 그러자 아내는 은근히 겁이 났던지 나더러 먼저 내려가라는 것이었다. 그래서 나는 고개를 끄덕이며 동철이처럼 "우아아! 파이팅!"을 외치며 질주했다.

코스는 아쉽게도 빨리 끝났다. 보기에는 상당히 길어보였는데 막상 타보니 짧게 느껴졌다. 동철이는 도착 지점에서 기다리고 있었다. 아내와 내가 내려오면 같이 올라가겠다는 심사인 듯싶었다.

도착 지점에 도착한 나는 동철이 하이파이브를 하고 아내를 기다렸다. 그러나 아내는 무슨 이유인지는 몰라도 플라스틱 썰매에 앉는가 싶더니 다시 일어나고를 반복했다.

–왜 그러지?

이때였다. 아내 뒤에서 대기하고 있던 한 개구쟁이 녀석이 답답한지 아내가 앉자마자 밀어버렸다. 순간 아내가 탄 썰매가 미끄러지나 싶더니 이내 중심을 못

잡고 울타리 근처에 처박혔다. 그러나 아내는 용감하게 일어나 다시 올라가 활강을 시도했다.
그러나 마찬가지였다. 우리는 답답해 언덕으로 올라왔다. 그리고 궁색해 하는 아내에게 물었다.
– 도대체 왜 그래?!
그러자 아내가 울상을 지으며 말했다.
– 엉덩이가 썰매에 안 들어가….
– 뭐… 뭐야….
순간 나는 동산만한 아내의 엉덩이를 쳐다봤다. 순간 웃음이 나왔다. 그러나 웃을 수 없어 조용히 말했다.
– 그럼, 저기 앉아서 군옥수수 사먹으면서 구경해!
그러자 아내도 별수 없는지 군옥수수 장사 옆으로 다가섰다. 순간 우리는 여전히 하이파이브를 힘껏 하고 질주를 했다. 이러기를 서너 번… 도착 지점에 도착해 썰매를 들고 일어서려는데 어디선가 호루라기 소리가 눈썰매장에 울려 퍼졌다.
그리고 이어서 관리인의 호통 소리가 들렸다.
– 저기 비닐부대를 타고 내려가는 아주머니 빨리 나오세요! 여기는 동네 썰매장이 아닙니다!
순간 우리 앞에 아내가 나타나며 소리쳤다.
– 우아아! 파이팅!

기가 막혔다. 정말로 기가 막혔다. 어쩌면 이렇게 환상인지… 그래도 아내는 즐거운 지 천진난만하게 웃었다. 이어서 관리인의 경고가 이어졌다.

－아줌마 다시 한번 그것으로 타시면 퇴장입니다!

순간 나는 아내를 보며 은근 시를 읊조렸다.

－궁둥이가 커서 슬픈 아낙네여!

그러나 아내는 여전히 웃고 있었다.

나는 못 말리는 아내와 결혼했다! 그래서 행복하다!

지금까지 나는 아내를 씹었다. 그래선지 선잠이 든 아내는 자꾸만 귀를 후빈다. 약간의 죄책감도 든다. 그러나 나는 죄책감이 아닌 우리만의 행복의 표현으로 본다. 그 일들이 우리의 사랑을 다져와 지금까지 희로애락을 같이 하고 있으니까. 다시 말해서 진솔한 우리만의 이야기를 되돌아봄으로써 아직도 먼 길에 진정한 길동무가 되어 속삭일 수 있으니까.

그래서 나는 떳떳하게 외친다.

－나는 못 말리는 아내와 결혼했다! 그래서 행복하다고!

아내도 이런 마음을 이해하리라 본다. 사랑은 누가 뭐래도 서로의 관심 속에 찬란하게 싹트니까….

그렇다고 좋은 일만 있었던 건 아니다. 아픔도 있었다.

그 아픔을 이겨냈기에 오늘이 있는 게 아닐까?
지금부터는 그 이야기를 할까 한다. 못 말리는 아내와 결혼했지만 그래서 행복하다는 이유를….

눈물의 고구마

어려움은 오해를 낳고 그 오해는 억지를 낳는다.
결국은 자책의 아픔일진데 왜 그랬는지?
후회의 연속이라는 걸 몰라서 일까?
아니면 분풀이 대상이라고 여겼기 때문일까?
그날의 아픔은 지울 수 없다. 절망의 시절이었다.
결혼 초창기에 우리는 그런대로 먹고사는데 지장 없이 지냈다. 자그만 식료품 가게였지만 아내와 난 열과 성을 다했기 때문이다.
새벽 장을 봐와 물건을 진열하고 그걸 배달하고, 어찌 보면 피곤한 나날이었지만 같이 있다는 게 행복했다.
그러나 그 행복도 오래가지 못했다.
그건, 친구 빚보증이 잘못돼 우리의 작은 행복을

빼앗겼기 때문이었다. 가게를 통째로 빼앗긴 우리는 졸지에 빈털터리가 되어 산동네에 내앉게 되었다. 그 순간 우리는 절망의 포로가 되어 흐느적거렸다. 거기다 한 겨울이고 보니 모든 게 암담했다.
처음에는 어떻게든지 기반을 마련해 보려고 신발이 닳도록 친지들을 찾아다니며 돈을 빌어보려 했다. 그러나 돌아온 건 쪽박 깨는 질책뿐으로 결국 포기하고 흐느적거릴 수밖에 없었다.
－빚보증은 조상 할아비가 부탁해도 안 선다는데 네가 뭐가 잘나 빚보증으로 그 꼴이 돼서 지랄이야!
－아이고 한심한 인간 같으니라고….
동냥은 못해 줄망정 이래도 되는 것인가?
난 그저 시커멓게 타버린 차가운 겨울하늘을 올려다보며 눈물만 삼킬 뿐이었다. 아내도 남몰래 눈물로 살았다. 나는 이런 아내를 두고 볼 수 없어 친구들을 찾아다니며 일자리를 부탁했다.
당장 먹고살기 어려우니 일당직이라도 마련해 달라고….
그러나 일자리는 싶지 않았고 공술에 취해만 갔다. 그날도 그랬다. 첫눈이 오는 날이었다. 배부른 인간들은 첫눈이 왔다고 강아지처럼 뛰면서 좋아하는데… 나는 끝내 일자리는커녕 곡식 한 톨도 구하지 못하고 산동네를 올랐다.
모르긴 해도 아내는 굶고 있을 것이다. 나 역시 소주를 조금 얻어 마셨을 뿐 굶기는 마찬가지였다.
힘겹게 집앞까지 올라서긴 했지만 선뜻 들어서지 못했다. 대문 안 툇마루에 부황기가 나타난 얼굴을 내밀고 아내가 날 기다리고 있을 것이지만….
그렇다고 언제까지 눈사람이 될 수 없어 나는 대문을 밀치고 들어갔다.
–나왔어….
아내는 대답이 없었다. 그렇다면 아내는 부엌 연탄불가에 앉아 불을 쬐고 있을 것이다.
내 생각이 맞았다. 아내는 연탄불 가에 있었다.
순간 나는 이성을 잃고 말았다. 아내가 글쎄 무언가를 맛있게 먹고 있었기 때문이었다.
–의리 없는 년 같으니라고!
나는 나도 모를 분노에 아내의 옆구리를 걷어차고 말았다. 그건 나는 탈탈 굶고 일자리 구하러 다니는데 너는 따뜻한 불가에 앉아 처먹고 있느냐는 서글픈 분노에서다.
옆구리를 한 방 얻어맞은 아내는 부엌 바닥에

나뒹굴었다. 그리고 손에 들고 있던 먹거리가
부엌바닥에 팽개쳐졌다. 나는 먹거리를 유심히 살폈다.
그건…. 그건….
썩은 고구마였다. 순간 나는 온몸에 힘이 빠졌다.
아내는 이런 나를 쳐다보며 말없이 눈물을 흘렸다.
그… 그리고 하는 말이….
－너무도 배가고파 시장통에서 주워왔어…. 당신 오면
같이 먹으려고 했는데… 속이 너무도 쓰려서 나도
모르게…. 미안해 여보. 다시는 안 그럴게….
하며 소리내어 울었다. 나는 너무도 가슴이 아파 아내를
얼싸안고 엉엉 울고 말았다.
그러나 나는 끝내 그 말을 하지 못했다.
－미안해, 미안해…. 내가 죽일 놈이야….
입안에 뱅뱅 도는 말을 끝내 내뱉지 못하고 문밖을 보니
함박눈이 펑펑 내리고 있었다.

컵

슬픔은 생각지 않은 곳에서 발생한다.
그래선지 그 슬픔은 괴롭기까지 한다.
예측된 슬픔이라면 자위 속에 애써 삼킬 수 있지만 예측
불허 슬픔은 자책으로 괴롭기 그지없다.
작년 결혼기념일이었다. 아내는 이상한 재주를 가졌다.
나를 웃기는가 하면 쪽팔리게도 하고 또한 슬프게도
한다.
그날도 그랬다. 20주년 결혼기념으로 카시미론
목도리를 사가지고 평소보다 빨리 집에 들어갔다.
– 나왔어!
그러나 아무 인기척이 없었다. 거실은 어둠 속에 잠겨
있었다. 그래서 나는 아내가 동철이 데리고 외출을

나갔나 생각하고 옷을 갈아입기 위해
안방으로 들어갔다.
순간 나는 깜짝 놀라 엉덩방아를 찧고 말았다. 갑자기 안방불이 켜지면서 폭죽이 터졌기 때문이다.
－뭐… 뭐야!
그러자 아내가 빙그레 웃으며 말했다.
－여보! 결혼 20주년을 축하해!
아내는 연애시절 입었던 분홍색 원피스를 입고 있었다. 거기다 덤으로 내가 좋아하는
환한 미소까지 머금고 있었다.
아들녀석도 뭐가 좋은지 덩달아 웃으며 말했다.
－아빠! 나도 축하해!
그리고 녀석은 나머지 폭죽을 터뜨리려고 줄을 잡아당겼다. 그러나 다행히 불발이었다. 나는 은근히 안심하며 주위를 둘러봤다. 아내와 동철이는 오랜 시간 이벤트를 준비한 듯싶었다.
문 정면 벽에 색종이로 20주년 축하라고 오려 붙였고, 글씨 주위에는 오색 색종이 고리를 해 촌스럽지만 그럴듯했다. 그리고 안방 중앙에는 케이크도 놓여 있었다.
아내와 나는 동철이가 씌워준 축하 모자를 쓰고
동철이의 지시에 따라 케이크를 절단했다.

동철이는 매우 좋아라 하며 박수를 치며 환호성을
올리더니 사진도 찍었다.
행복했다. 뭔가 거꾸로 돌아가는 느낌은 들었지만
우리는 상관없이 케이크를 먹고 잠자리에 들었다.
아내는 잠자리에 들기 전에 잠시 망설이더니 방안에
불을 껐다. 그리고 잠옷으로 갈아입은 다음 빨강색 초에
불을 켜더니 나에게 다가왔다.
–지…진우 씨!
순간 나는 이상한 전율을 느꼈다. 곧바로 아내를
쓰러드렸다. 그리고 진지하게 애무를 한 다음 아내의
브래지어를 벗기려 손을 가져갔다. 그러나 어찌된
것인가? 아내의 브래지어는 벗겨지지 않았다. 몇 번이고
시도해도 마찬가지였다.
그러자 아내가 살며시 말했다.
–옷핀이라 그래. 내가 벗을게.
하며 브래지어를 가슴께로 돌리더니 옷핀을 풀었다.
순간 가슴이 아려왔다. 이게 얼마나 한다고… 누가
이런데 절약하라고 했나?!
그렇다고 분위기를 깰 수 없어 말없이 아내를 안았다.
하지만 마음은 끝내 편치 않았다.
다음날 아침, 나는 출근을 하려다 말고 아내를 보고

말했다.

– 무슨 컵이면 돼?

그러자 아내는 무슨 말이냐는 듯이 쳐다봤다.

– 거참, 무슨 컵이면 되냐고?

그래도 아내는 못 알아듣고 가슴을 치며 말했다.

– 거참, 집에 많고 많은 게 컵인데 또 무슨 컵을 사려고!

그래서 나는 카드를 내밀며 노골적으로 말했다.

– 거참 얼마나 된다고 궁상이야! 옷핀 치우고 오늘 하나 사 입도록 해!

그러자 아내가 빙그레 웃으며 말했다.

– 보이지 않는데 어때?

순간 아내를 노려봤다.

그러자 아내가 어색한 웃음을 지으며 말했다.

– 알았어! 당장 사 입을 게 저녁에 봐!

나는 대답 대신 손을 들어보이고 현관문을 나섰다.

그건 아내에 대한 미안함 때문이었다. 아내는 저렇게 절약하는데 나는 개념 없이 쓰며 지냈다는 죄책감에…

하지만 한편으로 마음이 가벼웠다. 이런 아내가 있기에 우리 집안이 튼튼한 거라는 생각에….

다시 태어나면

삶에 있어서 가장 어려운 질문이 있다.
그건 아무래도 두 가지가 아닌가 싶다.
–왜 사느냐?
–다시 태어난다면 지금의 배우자와 다시
결혼하겠느냐?
그 이유는 확실한 정답이 없기 때문이 아닌가 싶다.
사실 그렇다. 첫 번째 질문 같은 경우는 물론 목표가 있다면 별문제겠지만 사실 목표라는 게 세운다고 해서 다 이루어지는 것이 아니기 때문이다. 살다보면 형편에 따라 재수정해야 하는 게 우리 내 삶이 아닌가?
그런데 막무가내로 왜 사느냐고 물으면 어떻게 대답을 한단 말인가? 물론 생각나는 대로 말할 수는 있다.

하지만 그건 양심을 속이는 결과가 될 수밖에 없다.
왜냐하면 지금까지의 삶이 대변하고 있기 때문이다. 현실정이 이런데….
목표만 거창하다는 게 언밸런스 아닌가? 그래서 우리는 이런 질문을 회피하기 마련이다.
그래서 한 시인은 이렇게 말했다.
―왜 사느냐고 물으면 그냥 웃지요, 라고….
사실 그렇다. 나는 이게 정답이라고 본다. 그 누구라도 딱 부러지게 말할 수 없기 때문이다.
다음 질문도 그렇다.
―다시 태어나도 지금의 아내와 결혼하겠소?
이 또한 얼마나 애매한 질문인가? 그것도 아내가 있는 자리에서 묻는다면 더욱 그렇다.
―네.
라고 대답하기에는 너무도 여한이 많고…. 또….
―미쳤소.
라고 대답하기에는 너무 잔인한 것 같고…. 그래서 이때도 정답은 '그냥 웃지요'가 아닌가 싶다.
아내는 심심치 않게 묻는다.
―자기야? 다시 태어나도 나랑 결혼할 거야?
그때면 나는 정답대로 그냥 웃고 만다.

하지만 속으로는 미쳤냐? 또 뒤치다꺼리 하게…. 은근히 그러길 바라는 것 같은데… 꿈 깨셔?… 나 있지, 다시 때어나면 쭉쭉빵빵에 돈 많은 여자와 결혼할거다!

나 역시 아내처럼 이런 질문을 하면 아내 역시 웃고 만다. 아내 역시 나처럼 생각하고 있는 게 아닐까?

–미쳤냐! 이 생고생을 자처하게! 나 있지, 다시 때어나면 꽃미남에 돈 많은 사람과 결혼할 거야!

그래도 우리는 같이 있어 좋다. 그건 서로가 서로를 비추는 진정한 거울이기 때문이다. 이래서 사랑은 이 지구상에 최대한 선물이 아닌가 싶다.

나는 잠에 빠진 아내의 입술에 입맞춤을 하며 말한다.

–늘 같이 해서 행복해! 라고….

–끝